Cómo diseñar y vender un proyecto cultural

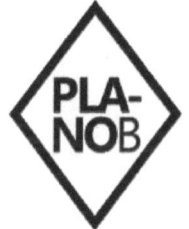

Álvaro Vargas

Cómo diseñar y vender un proyecto cultural / Álvaro Vargas. -- 1st ed.
ISBN 978-1523689545

Índice

¿A quién va dirigido este libro?

Si en algún momento has tenido una idea para desarrollar alguna actividad en el ámbito cultural, pero dudas a la hora de presentarla a alguna institución pública, privada, a un patrocinador o empresa de gestión cultural, en este libro te daré las pautas necesarias para la elaboración de un documento que recoja todos los aspectos que les pueden interesar a nuestros interlocutores para que el proyecto, para que esa idea inicial, tu idea, se ponga en marcha.

Pretende ser una guía práctica para todos aquellos que deseen iniciarse en la elaboración y presentación de proyectos culturales o para aquellos profesionales que deseen conocer la forma de trabajar de otros colegas.

Está estructurado para empezar un proyecto desde cero, desde que tenemos la idea hasta que se desarrollan las actividades, pasando por la presentación a instituciones o la colaboración con patrocinadores y llegando a la evaluación. No tienes que tener ningún conocimiento previo especial, solamente interés por algún sector cultural, ganas de aprender y de poner tu proyecto en marcha.

Todo el temario es reflejo de años de experiencia en la gestión cultural, tanto desde el ámbito público como privado, apoyado en mis proyectos en colaboración con otros muchos gestores e instituciones.

Lo más importante es poner en práctica las ideas, pasar cuanto antes a la acción, de poco sirve un proyecto que se queda en un cajón, los destinatarios deben disfrutar de vuestras actividades programadas, por ello dedicaremos gran parte del libro a la presentación y ejecución del proyecto.

Debemos quitarnos el miedo que generalmente sentimos en nuestros comienzos a dirigirnos a instituciones referentes para nosotros, la única forma de trabajar en este sector en lanzándose, arriesgando y sobre todo confiando en nuestros proyectos, en nuestras ideas, en nuestra profesionalidad.

La gestión cultural es una profesión reciente, por ello todavía necesita rodaje y asentar las bases del oficio, es un trabajo que tenemos que hacer entre todos, que cada vez sea un sector más profesionalizado, que defendamos nuestros derechos y cumplamos nuestras obligaciones. Respetar nuestro trabajo es la única forma para que los demás lo acaben teniendo en consideración.

Para simplificar, a lo largo de los próximos capítulos hablaremos siempre del supuesto en el que un gestor o empresa de gestión cultural presenta un proyecto a una institución pública, generalmente cultural, o un patrocinador. Pueden existir otros modelos como puede ser el de una asociación o lo podemos presentar a una entidad privada.

Indicar también que lo que expongo a continuación es una forma de trabajar, que cada gestor cultural debe buscar su camino, que lo que presento es una fórmula que me ha funcionado con éxito a lo largo de estos años de profesión, pero que quizás cada uno de vosotros le dará más importancia a una u otra parte del proyecto, que manejaréis los tiempos de otro modo, esto es solamente un modelo, efectivo, en el que apoyaros, además resulta un buen soporte para lanzaros a desarrollar vuestras ideas, para romper el miedo a la página en blanco.

Impartiendo el curso *Diseño de proyectos culturales* y *Experto en Gestión de Proyectos Culturales*, en diversas instituciones en los últimos años, al comienzo siempre surge la misma pregunta ¿por qué un gestor cultural externo si se supone que la institución ya tiene trabajadores que se dedican a esto?. Es cierto que en los últimos años la mayoría de las instituciones culturales, también los ayuntamientos, diputaciones... tienen personal contratado como programadores culturales para idear y desarrollar sus actividades culturales. Pues bien, aquí está una de las claves de esta profesión, el gestor cultural autónomo, independiente, externo o como lo queráis llamar, tiene que buscar su diferenciación, su especialidad, presentar proyectos que el personal de esa institución no pueda desarrollar, si presentamos unas actividades que fácilmente podrían organizar desde dentro de la institución difícilmente contarán con nosotros.

Esta especialización puede venir desde el tema que abordamos, los conocimientos específicos de nuestro equipo, nuestra capacidad de innovación, pero en ciertas ocasiones nuestro valor añadido viene dado por temas más banales como el tiempo que le dedicaremos al proyecto y la ilusión que muchas veces no encontramos entre el personal de la institución. En muchas ocasiones los directores de instituciones han dado un sí a la propuesta que les presentábamos porque sabían que su equipo no se implicaría tanto como nosotros en la consecución de los objetivos marcados, que no escatimaríamos en horas de trabajo y que siempre escucharíamos sus opiniones.

La última advertencia antes de entrar en materia es que en muchos apartados leeréis expresiones como 'vender nuestro proyecto', 'colocar nuestras actividades', 'tratar de que nos compren la idea'. Quizás sea una visión muy mercantilista del oficio, pero simplificando de nuevo podríamos decir que nuestro proyecto es el producto que le queremos vender a la institución. Es cierto que los que nos dedicamos a la cultura trabajamos con un material más delicado, con cierta responsabilidad social, pero al final tenemos que utilizar técnicas típicas de *marketing* para llevar a convencer al director de la institución.

CAPÍTULO 1

La gestión cultural

Los gestores culturales empleamos las mismas técnicas de gestión que cualquier otro profesional que debe tomar decisiones sobre la administración de unos determinados recursos dependiendo de unos objetivos marcados previamente.

Una buena definición de gestión cultural sería: *"la administración de una serie de recursos con el objetivo de ofrecer un producto o servicio cultural a un determinado público con una finalidad concreta"*. Iremos desarrollando esta definición a lo largo de todo el curso.

Viendo el título de un estudio de la Organización de las Naciones Unidas para la Educación, la Ciencia y la Cultura [UNESCO] publicado en 2003: *La gestión cultura, ¿una nueva profesión?*, nos hacemos la idea de que es un oficio que todavía se está haciendo, que ha evolucionado muchísimo en la última década, pero todavía nos queda un gran trabajo para la profesionalización del mismo. A diario nos encontramos con una gran incomprensión a la hora de decir a qué nos dedicamos.

En este estudio se señala que el 67% de los gestores poseen alguna titulación universitaria, el 17% estudios de tercer ciclo y el

39% algún curso relacionado con la gestión cultural, estos porcentajes seguro que han aumentado en los últimos años. A pesar de estos datos el 77% de los encuestados se declaran autodidactas y han adquirido la mayor parte de sus conocimientos a través de la experiencia, de la práctica de la profesión.

Esto sigue totalmente vigente en la actualidad, cada uno de los proyectos que realizamos es diferente al anterior y tenemos que saber adaptarnos a las nuevas exigencias de las actividades, de la institución, ajustarnos al presupuesto, contar con un nuevo equipo de trabajo, etc. Es muy difícil que nos puedan enseñar a manejarnos ante cualquier eventualidad, los cursos de tercer ciclo específicos de gestión cultural nos aportarán interesantes y útiles herramientas de trabajo pero en ningún caso una varita mágica para controlar todo lo que supone sacar adelante un proyecto.

Por tanto el trabajo diario, el exponernos y trabajar en diferentes ámbitos y proyectos es la mejor escuela para el oficio. Buena formación más práctica, práctica y práctica.

Según este mismo estudio los profesionales provienen en su mayoría de titulaciones de Ciencias Sociales y Humanidades como Historia del Arte, Bellas Artes, Sociología, Filosofía o Ciencias de la Comunicación, en la práctica profesional os encontraréis con gestores que provienen de otros muchos y variados caminos.

¿Qué es un proyecto cultural?

En gestión cultural el trabajo se organiza a través del diseño de proyectos culturales, sirven para traducir las ideas en acciones concretas. Esto quiere decir que el proyecto adquiere su valor cuando se llevan a cabo las actividades que lo comprenden, cuando los destinatarios las "disfrutan". Habría que puntualizar además que estas acciones deben llevarse adelante con una voluntad concreta, bien definida, observamos que en muchas instituciones se ha caído en la rutina, en la repetición cíclica de actividades con ligeros cambios, quizás porque no hay personal cualificado, quizás "porque siempre se ha hecho así", yo añadiría que un proyecto además de las ideas, de la acción, debe conllevar altas dosis de entusiasmo y de involucración en todas sus fases.

El desarrollo de este documento, del proyecto, que se realizará por supuesto en soporte escrito, nos da un mayor control sobre posibles imprevistos ya que sabremos qué es lo prioritario, qué puede fallar, qué condicionantes pueden hacer variar nuestras estrategias para abordar las actividades, etc. aún así nuestra profesión siempre conlleva un porcentaje de incertidumbre, de posibles cambios inesperados. Siempre deberíamos tener un 'plan b' para salir de situaciones imprevistas, el ejemplo más habitual son las actividades al aire libre. Imaginaos que habéis organizado un concierto en la plaza de una ciudad, un pueblo y ese día bien por la lluvia, por el excesivo calor o frío os veis obligados a realizar un cambio, o bien tenemos un nuevo lugar previsto para realizarlo a cubierto o si lo cancelamos tener diseñado el mecanismo para la devolución del importe de las entradas [si era de pago], de lo contrario tendréis a una gran cantidad de gente enfadada esperando que les den una solución.

Debemos saber reaccionar a tiempo ante los imprevistos, aportar soluciones de manera inmediata, lo mejor es que durante la elaboración del proyecto planteemos todos los escenarios posibles y las soluciones que aportaríamos si se producen. Y aplicar siempre el sentido común, mantener la calma y aportar soluciones rápidas y efectivas.

El proyecto cultural sería el documento que recoge todas las especificaciones de las actividades que lo conforman, cualquiera que lea nuestro proyecto, con un mínimo de experiencia, debería saber llevarlo a cabo, ya que recoge todo lo necesario para su puesta en marcha.

¿Para qué es necesaria la elaboración del proyecto?

- *Establecer prioridades.* Sabremos a qué atender en primer lugar, no dejar asuntos importantes para el último momento, saber qué hacer en cada momento.

- *Optimizar recursos.* En nuestra profesión en muchas ocasiones nos toca trabajar con pocos recursos, tanto humanos como económicos, tendremos que aprender a sacar el máximo partido de ellos, gracias al desarrollo del proyecto lo conseguiremos.

- *Herramienta de control.* Será un documento de consulta para saber si vamos por el camino que habíamos trazado, si estamos siguiendo las instrucciones marcadas.

- *Documento escrito.* Nos servirá para presentar a diferentes interlocutores a la hora de las entrevistas.

- *Poner en marcha al equipo.* El desarrollo del proyecto facilita la interacción entre todos los miembros del equipo que lo elaboran. Intercambio de ideas, opiniones, mejoras, fomenta la coordinación y el conocimiento entre los diferentes componentes. Además si es la primera vez que colaboramos con algún gestor, nos servirá para que vea cómo solemos trabajar, cómo desarrollamos nuestros proyectos.

- *Dar una imagen de profesionalidad* que demostraremos en la entrevista con el director de la institución, al elaborarlo por completo tendremos una gran seguridad en nuestro proyecto y eso se transmitirá a los diferentes agentes culturales con los que contactemos para llevarlo a cabo.

- *Sirve de consulta a lo largo de todo el proceso.* Este documento, el proyecto cultural, no se hace al comienzo y después lo echamos al olvido una vez que la institución nos ha dado el ok, es una herramienta útil a lo largo de todo el proceso, debemos consultarlo desde el comienzo [desde la primera idea] hasta la evaluación del mismo, una vez celebradas las actividades.

2.1. Otras consideraciones generales sobre el proyecto cultural

Existen dos versiones de este documento:

- *Versión interna.* Es la versión para el equipo de trabajo, se desarrollarán todos los apartados que veremos en el curso, no se nos puede escapar nada, tiene que estar absolutamente todo lo necesario.

- *Versión externa.* No existirá una única versión externa sino tantas como interlocutores. De la versión interna extraeremos apartados que presentaremos por ejemplo a patrocinadores, a la institución, a medios de comunicación, etc. Debemos saber adaptarlo a esos interlocutores.

- *Debemos ser realistas.* Quizás sea la consideración más importante. Cuando empezamos nos entusiasman nuestros proyectos [así debe ser] y pensamos que los podremos llevar a cabo sin ningún problema, pero quizás no hemos calibrado bien nuestras fuerzas y ese proyecto no puede seguir adelante porque no tenemos las capacidades necesarias para desarrollarlo o no podemos conseguir el dinero que pensábamos que obtendríamos. Si una institución nos reserva una serie de días su espacio y pone algunos de sus recursos a nuestra disposición y finalmente no podemos realizar las actividades la puerta de esa institución se cerrará para nosotros ya que les hemos hecho perder tiempo y seguramente dinero y nuestra imagen como gestores culturales se verá afectada. Hay que resaltar siempre lo positivo de nuestro proyecto para venderlo pero siendo realistas, si existe la posibilidad de que ocurra un incidente y eso puede suponer que no se realicen las actividades es mejor avisar de estas posibles eventualidades a la institución.

CAPÍTULO 3

Sin idea no hay proyecto

Antes de adentrarnos en los diferentes apartados de proyecto, vamos a pararnos en lo más importante del proyecto: la idea.

En cultura, en la mayoría de las ocasiones, nuestra materia prima son las ideas y dependeremos de ellas para vivir de nuestro trabajo, para dedicarnos a este oficio.

Os aconsejo que llevéis siempre con vosotros una libreta y un bolígrafo a mano, ya que las ideas te asaltan en cualquier momento y sería una pena desperdiciar alguna por no contar con estas herramientas [ahora es más fácil gracias a los teléfonos móviles y tablets], es cierto que es un trabajo que nadie nos va a pagar en muchos casos, pero quizás sea lo que más nos hace disfrutar de esta profesión.

Al comenzar en gestión cultural siempre nos ocurre lo siguiente: tenemos una idea que pensamos que es maravillosa y que como tú no la has visto en tu ciudad piensas que a nadie más se le ha ocurrido. Seguro de tu idea decides desarrollar el proyecto, estás uno o dos meses con este trabajo y de repente antes de presentarlo a la institución se te ocurre buscar en *Google* algo parecido al título de tu proyecto y descubres lamentablemente que algo similar se hizo en tu ciudad hace un mes o tendrá lugar dentro de pocas semanas, será muy difícil vender tu proyecto a una institución y que sea un éxito de participación ya que tienes a la competencia muy cerca y quizás no hay asistentes suficientes para ambos proyectos, más si se debe abonar una entrada.

El consejo es que en cuanto tengáis una idea buscadla en *Google* y ver que se ha hecho ya en ese sector en el mismo ámbito geográfico de tu proyecto o ámbitos cercanos.

3.1. Idea vs. Originalidad

Uno de los temas recurrentes en gestión cultural es la falta de originalidad en nuestras propuestas. Si pensáis casi en cualquier museo, además de las exposiciones, veréis que las actividades se repiten: actividades lúdicas dirigidas al público infantil, ciclo de conferencias relacionadas con la exposición, ciclo de cine relacionado con la exposición, visitas guiadas...

Esto ocurre no solamente en los museos sino en la mayoría de las instituciones culturales, esto se debe a que:

- *Los directores de las instituciones no quieren correr riesgos en su programación.* En muchas ocasiones están acomodados y no desean salirse de sus esquemas de trabajo de los últimos años, además ellos deben dar explicaciones a sus superiores, generalmente políticos, que tampoco están por el riesgo. Caen en ciertas rutinas difíciles de romper.

- *La seguridad de los gestores.* Los gestores culturales necesitan ingresos para continuar viviendo de su trabajo por ello tampoco arriesgamos demasiado, sabemos qué proyectos se venden mejor y a veces nos quedamos también es esa comodidad.

Creo que no es una obligación pero sí cierta responsabilidad que cada vez presentemos proyectos más novedosos a las instituciones, nos arriesguemos, es la forma de hacer avanzar a esta profesión.

3.2. ¿De dónde parte nuestra idea?

Los posibles orígenes del proyecto pueden ser:

* *Parte de la propia institución.* El personal que trabaja en la misma: idea, desarrolla, produce y ejecuta las actividades que conforman el proyecto.

* *Por iniciativa de una asociación.* Una colectividad propone un proyecto a la institución.

* *Un gestor cultural propone un proyecto a la institución,* este será nuestro caso.

Muchas ideas ya tienen antecedentes, me refiero principalmente a proyectos que tiene una periodicidad, que continúan en el tiempo [ej.: festivales de música, cine, ferias de libros...], tenemos que tomar como referente las ediciones anteriores, analizar la evaluación que hayamos hecho tratando de solucionar los fallos y reforzar los aciertos.

Pero no siempre contaremos con esta experiencia, en este caso nuestros antecedentes serán los proyectos similares a los nuestros desarrollados por otros compañeros. Si vamos a organizar un festival sobre música electrónica en nuestra ciudad, tendremos que documentarnos y ver cómo lo hacen otros gestores, qué horarios utilizan, qué grupos contratan, qué precios tienen las entradas, qué actividades paralelas, bien para diferenciarnos de ellos, bien para usarlos como referentes, teniendo siempre en cuenta que habrá que adaptar dichas ideas a nuestro ámbito y destinatarios.

No se trata de copiar, ni de adueñarse de ideas, pero mentiría si no os dijera que todos miramos a nuestros colegas, a su trabajo, a cómo han solucionado diferentes contratiempos. Como hemos visto, en gestión cultural las actividades se repiten una y otra vez, a veces falta innovación, de ahí que surjan proyectos similares en diferentes ciudades.

Una técnica que utilizan muchos gestores culturales es copiar ideas/proyectos que han tenido éxito y repercusión en el extranjero y traerlas a su ciudad. Comentaros que las ciudades pioneras a nivel internacional en gestión cultural por este orden son: Berlín, Londres y Nueva York. Una buena fuente de ideas es seleccionar varias instituciones que os interesen de estas ciudades suscribiros a sus *Newsletters* y recibiréis en vuestro correo electrónico todas esas actividades que os pueden servir de inspiración.

CAPÍTULO 4

¿Por qué queremos desarrollar este proyecto?

Tenemos que definir cuál es la finalidad de nuestro proyecto. Es junto con la idea, el punto de partida del proyecto, desde donde partimos para desarrollar el proyecto. Muchos lo conocen como el objetivo supremo.

Es muy importante que la finalidad sea entendible por todos nuestros destinatarios. En muchas ocasiones se presupone que el director de una institución tiene cierto bagaje cultural y debe comprender la finalidad que le presentamos, pero no siempre es así, y mucho menos si no es una institución cultural. Debemos conseguir:

- *Que sea clara.* Que el nivel de escritura esté adaptado al nivel de lectura del interlocutor, como en muchas ocasiones no conocemos al interlocutor *a priori*, sería aconsejable que utilizáramos un lenguaje sencillo [sin caer en la simpleza] alejado de palabras rebuscadas tan habituales en los ámbitos culturales.

- *Concisa.* Podemos resumirla como mucho en un par de frases no necesitamos más.

- *Sin ambigüedades.* Que tanto el equipo como futuros interlocutores sepan a qué nos referimos, que no tengan que formular demasiadas preguntas.

- *Positiva.* Es más fácil vender cualquier producto destacando los aspectos positivos. Por ejemplo de esta dos finalidades con cuál os quedáis:

  a. Organizar lecturas dramatizadas los domingos para fomentar la creatividad entre adolescentes de 12 a 14 años

  b. Organizar lecturas dramatizadas los domingos para fomentar la creatividad entre adolescentes de 12 a 14 años para que consuman menos televisión

Este es un ejemplo real de un compañero que presentó esta finalidad al Director General de Bibliotecas de una comunidad autónoma. Este gestor indicó en su proyecto la finalidad b y sabéis la contestación del Director: "Ahora con la TDT la televisión no está tan mal los fines de semana". Evidentemente el proyecto no salió adelante, por ello debemos reservarnos, no arriesgarnos demasiado. También dependerá de la forma de trabajar de cada gestor.

- *¿Justificada?.* Cuanta menos justificación sea necesaria más fácil será vender nuestra idea. Evidentemente hay ideas que sí necesitan justificación, por ejemplo si queremos hacer un ciclo de teatro francés del siglo XVIII tendremos que explicar por qué es interesante/necesario llevar a cabo este ciclo en una institución que nada tiene que ver con este sector cultural. Dependerá de cada idea.

- *Debe mostrar una necesidad y no un capricho.* El gestor cultural debería responder a las necesidades sociales, debe proponer aquellas actividades que piense que enriquecerán culturalmente a una colectividad, que esas actividades les vayan a resultar provechosas y no un mero capricho. En muchas ocasiones al trabajar con instituciones veréis que la motivación del capricho prevalece, sobre todo si la actividad engloba la presencia de una figura reconocida en el mundo de la cultura [ej.: el técnico cultural de la institución organiza un concierto de un grupo que le gusta a él y que quiere conocer sin tener en cuenta a los destinatarios de la institución].

- *Nuestra finalidad debería estar entre las finalidades de la institución.* No siempre puede ser así, pero cuando sea posible deberíais hacer coincidir en algo vuestra finalidad con la de la institución, así demostrarás al director que concoes su institución y su trabajo, además le sonará familiar. Para conocer la finalidad de la institución tan fácil como visitar su página web y mirar en el apartado finalidad, objetivos, misión… y ahí la encontraremos.

CAPÍTULO 5

¿Qué queremos conseguir?

Los objetivos concretan la finalidad [objetivo supremo] y definen lo que queremos conseguri con nuestro proyecto. Características:

- *Deben ser pocos.* Todos sabemos que cuantos más objetivos nos marcamos más difíciles son de conseguir. Es recomendable que sean pocos pero que se alcancen todos.

- *Claros.* Que no den lugar a interpretaciones.

- *Medibles.* En cultura es complicado marcar objetivos medibles, más allá del número de asistentes a las actividades. Ej.: al organizar un ciclo de teatro ruso del siglo XXI es difícil conocer si aquellas personas que han asistido han logrado obtener una panorámica del teatro ruso del siglo XXI o simplemente se han aburrido.

- *Consensuados y compartidos por todo el equipo al igual que la finalidad.*

Tipología de objetivos:

- *Externos o de contenido*: hacen referencia a la temática del proyecto, si hemos conseguido que los asistentes comprendan lo que les queríamos transmitir con nuestras actividades

- *Internos o estructurales*: económicos [si hemos conseguido el beneficio económico que nos proponíamos], de recursos humanos [si la organización ha sido efectiva]...

Esta es una de las fórmulas más empleadas para expresar finalidad y objetivos, puede haber otras perfectamente válidas también:

VERBO DE ACCIÓN+ ASPECTO A CAMBIAR + CÓMO LO CAMBIAMOS

Ej.: Aumentar / en un 10% los visitantes al museo / con visitas guiadas entre semana

Verbos de acción positivos más habituales: conseguir, alcanzar, crear, lograr, aumentar, obtener, fomentar...

CAPÍTULO 6

La temática del proyecto

Una vez que tengas clara la idea central, documéntate, busca datos, compara tu proyecto con otros similares que haya realizado la competencia... y responde a la pregunta *¿sobre qué trata mi proyecto?*. Puede ser literatura, danza, artes plásticas, teatro, música... y dentro de cualquiera de estos sectores, en qué subsector estará. Y por otro lado desarrolla la temática de tu proyecto.

Es importante justificar este contenido, por qué hemos seleccionado estos temas y no otros, cuál es el enfoque que deseamos darle, en qué hemos basado nuestra selección, qué estamos aportando con este contenido. Nunca debemos mostrar que la selección del contenido ha sido un capricho, una decisión subjetiva, sino que hemos detectado ciertas necesidades en el ámbito geográfico de aplicación de nuestro proyecto y por ello lo ponemos en marcha, es la mejor forma de dar seriedad y profesionalidad a nuestro trabajo y si has hecho un buen estudio, muy poca gente te lo podrá debatir y será más fácil venderlo a instituciones y patrocinadores.

Desarrollar este apartado resulta fundamental para el equipo. El gestor cultural debe dominar diferentes sectores pero no es un especialista en todos. Lo recomendable es contar con colaboradores expertos en la materia como parte del equipo.

Ejemplo: si deseamos organizar un festival de música portuguesa, quizás nosotros no tenemos mucha idea de este tipo de música, ni cuales son los diferentes estilos, ni los grupos/solistas más punteros o los que mejor se adaptan a nuestro proyecto... pero vemos la oportunidad de colocar una actividad de este tipo en una institución concreta. Contactaremos con alguien que maneje de manera habitual ese sector. No debemos tener miedo a reconocer que no somos expertos en determinados sectores, ni a contar con terceros, ni a compartir nuestros proyectos.

El experto en la materia tendrá que desarrollar el contenido, no importa cual sea la extensión para la versión interna, todos los miembros del equipo de trabajo deben tener conocimiento de ese contenido, ya que si por ejemplo llama un periodista a la empresa de gestión cultural para realizar una serie de preguntas porque quiere publicar un artículo al día siguiente y las personas que están en ese momento en la oficina no tienen esos conocimientos habremos perdido la oportunidad de aparecer en un medio de comunicación ya que será difícil que el periodista vuelva a repetir la llamada hasta que localice a la persona encargada, tiene otras muchas notas de prensa encima de la mesa.

El contenido abarca dos aspectos:

- *Desarrollo temático de la idea.* Sobre qué versa el proyecto, qué temas vamos a tocar. Ejemplo: un festival de teatro francés contemporáneo que deseamos organizar en Barcelona, puede incluir brevemente la situación del teatro francés en la actualidad, la relación entre el teatro catalán y el francés [sus puntos en común, sus diferencias], si existe colaboración e intercambio entre compañías... Evidentemente contaremos con grupos de teatro que plasmen estos aspectos, sino el proyecto carecería de sentido y no cumpliríamos los objetivos marcados.

* *Justificación de la elección de estos temas.* Siguiendo con el ejemplo anterior podemos señalar que nos interesa muchísimo la relación entre el sur de Francia y Cataluña, por qué nos resulta interesante un festival en el que interactúen compañías francesas y catalanas, por qué es de interés para el posible público... Podemos añadir que pensamos que el intercambio cultural propiciado por la globalización nos resulta un tema muy atractivo y de plena actualidad, etc. Como veis, esta justificación, está muy relacionada con la finalidad y los objetivos.

En lo formal, en la *versión interna*, debería ser una redacción con datos concretos, precisos... con algo de historia y de actualidad sobre esa temática, podemos incluir experiencias/proyectos de otros que están relacionados con el nuestro [solamente hay que hablar de la competencia en la versión interna, para el equipo, hay que evitar, como veremos, hablar de esa competencia a terceros] y señalar, como ya he dicho, qué es lo que nos parece más significativo de esta temática.

En la *versión externa* de este apartado, es decir, la que mostraremos a la dirección de la institución, patrocinadores, artistas... haremos un resumen de este contenido, os recomendaría no más allá de una página, salvo que el tema sea tan novedoso que requiera de mayores explicaciones, no les abruméis con datos muy concretos, con muchas cifras y esquemas, os recomiendo una redacción con los puntos clave, con lo más destacable.

Como en el resto del proyecto, este contenido temático se debería ajustar a ese interlocutor, en ocasiones no es fácil saber el grado de conocimiento de la materia sobre la que versa nuestro proyecto de, por ejemplo, el director de marketing de una marca que nos va a patrocinar, por ello elaborad un texto que sea fácilmente comprensible por la inmensa mayoría, pero tampoco excedernos en las explicaciones, algunas veces no es necesario indicar el sector al que pertenece nuestro proyecto porque es obvio, no infravaloremos tampoco al receptor de nuestro proyecto.

Para hacernos una idea del bagaje cultural de esa persona o de su costumbre de trabajar con determinado sector cultural, lo mejor es saber qué otras actividades han programado en esa institución, si vemos que en los últimos dos o tres años no han acogida nada relacionado con la música, quizás si tengamos que profundizar algo más el contenido, igual pasa con el patrocinador, hay que ver qué proyectos han apoyado en los últimos tiempos para ajustar nuestra propuesta.

CAPÍTULO 7

Las actividades del proyecto

Las actividades son la parte más visible del proyecto cultural, lo que llega a los destinatarios, son las encargadas de poner en práctica el proyecto y deben estar encaminadas a conseguir los objetivos.

De todo nuestro trabajo previo dependerá que las actividades se desarrollen de manera satisfactoria. Es cuando todo el equipo se la juega, la prueba de que hemos realizado nuestro trabajo convenientemente y que hemos tenido en cuenta todos los aspectos del proyecto y hemos propuesto soluciones a posibles contratiempos de última hora. Nuestros destinatarios no valorarán el trabajo previo únicamente verán los resultados que se plasman en las actividades. En ellas se implica nuestra trayectoria, nuestra imagen y posibilidades futuras de vender nuevos proyectos.

Las actividades son lo que más definen el proyecto. De entrada podemos caer en actividades típicas que se repiten una y otra vez, pero no debemos quedarnos ahí, si consideramos que nuestro proyecto puede contener este tipo de actividades, debemos darle una vuelta más, tratar de innovar, de introducir elementos novedosos por lo menos a través de la temática a tratar.

Las actividades deben desarrollar el contenido, deben propiciar que dicho contenido, que la temática sea entendida, llegue al destinatario tal y como lo tenemos planificado.

Una vez que tengamos definida la actividad debemos hacerle preguntas, ¿es la mejor para lograr los objetivos?, ¿conseguiremos llegar al público deseado?, ¿con los recursos disponibles se puede llevar a cabo?, ¿existen otras alternativas?... una vez que despejemos todas estas dudas debemos seguir adelante con nuestras actividades, si vemos que cojean en algún punto tendremos que reforzarlo o quizás sea mejor aparcarlas, esa inseguridad en las actividades la transmitiremos al resto de interlocutores.

Un término que debéis recordar siempre es el de *'plan de acción',* que es el conjunto de actividades de un proyecto. Cuando una institución, patrocinador, un medio de comunicación os solicite el plan de acción, solamente le tenéis que enviar las actividades, no el proyecto completo.

Tipos de actividades:

- *Actividad principal:* es la que da nombre al proyecto, la más importante, la que le da sentido [un festival de música]

- *Actividades complementarias:* están relacionadas con la actividad principal, añaden valor al proyecto, ayudan a conseguir los objetivos marcados [encuentro con los músicos del festival]

- *Actividades derivadas*: no tienen necesariamente relación con la actividad principal, tampoco comparte su finalidad [una barra de bar durante la celebración de los conciertos]

Características de las actividades:

- *Cumplir con los objetivos*, se deben logran a través de las actividades

- *Ajustadas a los destinatarios*. De nada sirve plantear una actividad muy interesante si después erramos en el tipo de público al que van dirigidas, no es lo mismo un niño, que un adolescente, que un adulto. Veremos en próximos temas como adaptarlas a cada tipo de destinatarios

- *Adaptadas a los recursos tanto humanos como económicos*. De no hacerlo así podemos vernos desbordados por un equipo que no es el adecuado, o porque nos hemos quedado cortos en cuanto a número. Lo mismo pasa con el presupuesto, sino está bien realizado o bien tendremos que desechar el proyecto, o las actividades quedarán deslucidas, o lo que es peor, tendremos que perder dinero.

Un tema muy importante, que en muchas ocasiones se pasa por alto es el ritmo de las actividades, debemos medir la intensidad de las mismas a lo largo del tiempo de realización. A todos nos ha ocurrido, acudir a conferencias que se hacen demasiado largas, un festival de música con varios grupos que se excede del tiempo previsto, talleres que comienzan con mucha fuerza pero que van perdiendo contenido según avanzan, festivales de cortometrajes con pases demasiado largos...

Debemos conocer y marcar estos ritmos, para esto lo mejor será la experiencia, y sino tenemos demasiada lo mejor es acudir a actividades culturales de nuestro sector y ver cuál es el ritmo que marcan otros gestores y si creemos que es el adecuado para adaptarlo a nuestros proyectos. Como consejos: cumplir con los horarios pactados, introducir un giro en el taller cada cierto tiempo, ver cuál es la duración habitual en el pase de esos cortometrajes viendo otros proyectos...

7.1. Presentación formal de las actividades

En muy pocas ocasiones un proyecto cultural alberga una única actividad, habitualmente está compuesto por varias que se recogen en el *plan de acción*.

Lo más práctico, por organización, porque es muy visual, es realizar una ficha por cada una de las actividades que conlleve el proyecto, es la mejor fórmula para que no se nos escape absolutamente nada. Dicha ficha debería contener como mínimo:

- *Nombre del proyecto/nombre de esa actividad concreta.* El proyecto sería por ejemplo un *Festival de cine chino homenaje a Zhang Yimou* y la actividad podría ser desde la inauguración del ciclo con la asistencia del director a la proyección de su película *Happy Time.*

- *Descripción.* En qué consiste esa actividad explicado de una forma clara, que todo el equipo sepa de qué trata en un par de párrafos.

- *El horario del desarrollo de la actividad.*

- *Equipo que participa.* Esta es una de las especificaciones más importante por ello la desarrollaremos en el siguiente apartado.

- *Recursos técnicos y materiales concretos para esta actividad.* Podemos hacer un anexo con estos recursos.

- *Comunicación.* Qué difusión hemos planteado para esta actividad en concreto. Puede que hagamos una única difusión del proyecto que englobará a todas las actividades, esto suele ser lo más habitual, pero imagínate que es un proyecto que se desarrolla de mayo a septiembre con actividades el segundo sábado de cada mes, evidentemente no haremos una única comunicación de todo el proyecto en abril, lo conveniente sería hacer esa comunicación en abril pero también en mayo, junio, julio, agosto y septiembre.

- *Otros datos de interés.* Todo aquello que consideremos relevante.

FICHA DATOS ACTIVIDADES

Nombre del proyecto / Nombre de la actividad

Descripción de la actividad

Horario de la actividad

Personal encargado de esta actividad

Recursos materiales y técnicos

Comunicación específica de esta actividad

Otros datos de interés

Además de esta ficha para cada actividad que se realiza cuando estamos en la fase de elaboración del proyecto, cuando el proyecto ya se ha puesto en marcha, una vez vendida nuestra idea a la institución, tenemos que poner las actividades en marcha, llevarlas a cabo, que los destinatarios las reciban. Para ello es fundamental otra herramienta de planificación, conocida como 'timing de actividad', que es un documento que recoge paso a paso la organización de esa actividad el día de celebración, esto es, la distribución del tiempo con las tareas que requiere esa acción concreta.

Hora	Tarea
8h	Recepción de material de la compañía [escenografía, mesa de audio, iluminación...]
9h	Recepción del equipo de montaje
9/13h	Montaje escenografía, iluminación, atrezzo...
13/14h	Descanso para comer
14/17:30h	Ensayos de la compañía, prueba de sonido, luces
17:30/19h	Descanso
19h	Supervisión de apertura de taquilla
20h	Recepción del público
20:30/22h	Representación de la obra teatral
22h	Supervisión del desalojo del público y cierre de puertas
22/24h	Desmontaje, despedida compañía

Si además de todo esto, hay material audiovisual que hemos tenido que alquilar tendremos que incluir la recepción de este material alquilado y su devolución, en la mayoría de los casos se realizará al día siguiente, lo veremos en el apartado de material técnico.

CAPÍTULO 8

Nuestro equipo de trabajo

En contadas ocasiones un gestor cultural trabaja en solitario, por lo general trabaja en equipo. Nuestra empresa puede estar formada únicamente por nosotros, trabajar como autónomos, pero en la mayoría de los proyectos tendremos que contar con colaboradores externos o con compañeros que formen parte permanente del equipo de trabajo.

Por ejemplo, es muy habitual que trabajemos en solitario y presentemos diversos proyectos a instituciones, pero para un proyecto concreto nos asociamos puntualmente con otros gestores autónomos, o que tengamos un proyecto de periodicidad anual al cincuenta por ciento con otro gestor pero el resto de proyectos los hacemos en solitario, o que contratemos a alguien por un tiempo determinado. Lo importante es formar para cada proyecto el equipo necesario para que todo salga bien y nuestra empresa pueda seguir funcionando.

Tendremos que realizar un análisis del equipo con el que contamos *a priori* o valorar qué equipo tendremos que conformar para que el proyecto salga adelante.

Hay que tener en cuenta:

- *Currículum de nuestro equipo.* Qué experiencia tienen los diferentes miembros en el sector cultural en el que se enmarca nuestra actividad. Básicamente en que otros proyectos han trabajado, si es que han trabajado en alguno.

- *Estructura del equipo.* Qué puestos podemos cubrir con nuestro equipo: uno o varios gestores, artistas, expertos en la materia cultural sobre la que versa el proyecto, *community manager* [gestor de redes sociales], un diseñador web, un diseñador gráfico...

- *Funcionamiento real.* Si hemos trabajo en alguna otra ocasión juntos y cómo fue la experiencia, ¿fuimos resolutivos en las tareas asignadas?, ¿estaban bien repartidas esas tareas?, ¿fuimos capaces de comunicarnos satisfactoriamente?...

El análisis del equipo es de carácter interno, únicamente lo reseñaremos de cara al exterior si contamos con un personaje relevante dentro de ese sector cultural que pueda dar más peso al proyecto. En este aspecto nos la hemos jugado en varias ocasiones, hemos indicado que tal o cual profesional, que a nosotros nos parece relevante, colaborará con nosotros y el proyecto no ha salido porque el director de la institución está enemistado con ese profesional o no le gusta su trabajo, ante esto lo único que nos queda hacer es la búsqueda de otra institución.

8.1. Reparto de tareas

Quién va a hacer qué en cada momento. Cómo se va a organizar el equipo durante la celebración de las actividades, este apartado no puede fallar, cada uno debe cumplir con lo asignado y sino es así el director del proyecto tiene que saber a quien pedir responsabilidades.

¿Quién decide esta asignación de tareas? Generalmente en todo proyecto se nombra a un director o a lo sumo dos, suelen ser los promotores de la idea, quiénes presentan el proyecto a la institución, deciden su equipo de trabajo y por tanto también reparten las tareas y responsabilidades, son los que darán la cara tras la celebración de las actividades ante el director de la institución o ante el responsable de la marca que nos patrocina.

Todos los miembros del equipo tienen que saber qué hacer y dónde deben estar en cada momento. No podemos confiar en "todos hacemos todo" porque después quedan cosas por hacer, cada uno debe ser responsable de sus tareas. Es recomendable que al finalizar las actividades, al día siguiente, cada uno realice una memoria de sus tareas y ver si se cumplieron satisfactoriamente las que se asignaron previamente.

Una práctica interesante es realizar un *cronograma* por cada persona del equipo donde indicaremos las tareas y los tiempos durante el desarrollo de las actividades:

TAREAS	ESPACIO	HORARIO
Supervisión del espacio	Auditorio	9:30
Recepción equipo protocolo	Hall de entrada institución	10:00
Recepción equipo rectoral	Hall de entrada institución	11:30
Recepción de los artistas	Hall de entrada institución	12:00
Inauguración	*Auditorio principal*	*12:30*
Fin clausura acto	Auditorio principal	13:30
Guía visita exposición	Sala exposiciones Planta 1	13:30
Fin de la actividad	Sala actividades Planta 0	14:30

Este sería el cronograma de uno de los miembros del equipo otros estarían realizando otro tipo de tareas. Un aspecto importante de la utilización de esta herramienta es la de resaltar horas claves como en este caso la inauguración, aunque se vayan retrasando las tareas (no debería ocurrir) saber que a las12:30 tiene que estar todo listo.

Generalmente en la hora de cierre de la actividad se fija un lugar, que no sea en el que se han desarrollado las actividades, como punto de encuentro de todo el equipo, no es el momento de valoraciones muy detalladas, ni de discutir si hemos conseguido los objetivos fijados o si algo fue mal con algún miembro del equipo, eso lo haremos al día siguiente en nuestro despacho, oficina o donde nos reunamos, la institución nunca es un lugar para discutir estos temas.

CAPÍTULO 9

¿Qué recursos técnicos necesitamos?

Los aspectos técnicos son los recursos materiales que necesita nuestro proyecto para que todas las actividades tengan un desarrollo adecuado.

Es uno de los apartados más importantes, ya que imaginaos que llevamos preparando unas jornadas durante meses, hemos conseguido que ese escritor de prestigio acuda y resulta que se nos ha olvidado un cable fundamental para que la proyección funcione, o bien quedarán deslucidas las jornadas o directamente tendremos que suspenderlas, o perder mucho tiempo llamando al proveedor para que nos reponga el cable.

Os recomiendo una técnica simple, consiste en que os visualicéis en la puerta de entrada de la institución y pensad qué materiales necesitamos mientras os imagináis caminando por la institución. Primero la fachada, la puerta, la entrada, pasead hasta el espacio donde se desarrollará la actividad... y anotadlos. Evidentemente habrá que hacerlo varias veces y revisar lo anotado.

Tenemos que:

Identificarlos. Saber cuáles son, no se nos puede olvidar absolutamente ninguno.

Obtenerlos. Las instituciones tienen la mayoría de los recursos que precisamos, sino tendremos que comprarlos o alquilarlos. Es muy importante que hagamos ese listado de materiales y que lo cotejemos con la institución, si la institución tiene ese material será dinero que estamos ahorrando, en muchas ocasiones lo único que aporta la institución es su espacio y sus recursos técnicos. Quizás la institución no tenga algunos de los requisitos técnicos pero los pueden pedir en préstamo a otras instituciones de la misma ciudad, tened siempre en cuenta estos aspectos para abaratar el presupuesto.

Controlarlos. Saber cómo utilizar esos recursos, y por supuesto que no se deterioren, desaparezcan [puede ocurrir], es decir, que velemos en todo momento por ellos, sino repercutirá también en los costes.

Para que esto no ocurra y no se nos olvide absolutamente nada deberíamos realizar una ficha por cada uno de los materiales técnicos que necesitemos y que contendrá como mínimo:

Nombre del recurso técnico, incluyendo marca y modelo.

Proveedor: datos de contacto del proveedor [muy importante tener el teléfono móvil de alguien de la empresa que nos provee ya que generalmente nuestras actividades son en fin de semana o fuera del horario comercial, sino hay nadie en la empresa y tenemos un problema será más difícil solucionarlo, por lo tanto debemos tener el teléfono móvil y alguien localizable dentro de la empresa. No es ningún problema, suelen estar acostumbrados].

Precio del material: alquiler o compra [esta última es menos habitual].

Encargado dentro de nuestro equipo de recepcionar y custodiar ese material

Recogida del material: indicar si iremos nosotros a recogerlo si será la empresa donde alquilamos el material la que lo trasladará hasta la institución.

- Lugar de recogida o entrega

- Horario

- Persona que entrega

- Persona que recibe

Utilización:

- Dónde irá ese material dentro de la institución

- Horario de uso

- ¿Para qué lo usamos?

Devolución:

- Horario de devolución. Esta hora la tendremos que fijar con exactitud, no hay peor momento que cuando terminan tus actividades, todo ha salido muy bien y quieres ir a celebrarlo o todo ha salido fatal y quieres llegar a casa, y resulta que tienes que estar esperando, en algunas ocasiones hasta horas, a que venga alguien de la empresa donde alquilamos el material a recogerlo. Es habitual que el material se quede en la institución y al día siguiente pasen a recogerlo.

- Persona que realiza la entrega

- Persona que recoge el material

Un término empleado en cultura íntimamente relacionado con los aspectos técnicos y que debéis conocer es el *rider*. Un documento que recoge todas las especificaciones técnicas para realizar las actividades, empleado principalmente en música y teatro. Básicamente contiene lo que necesita ese grupo para celebrar su concierto. También en el *rider* se incluye algo que habéis oído en muchas ocasiones como que tal cantante necesita un número de toallas en su camerino, o tal bebida o comida.

Aquí tenéis un ejemplo:

Especificaciones técnicas
(Voz, Guitarra y Wav Player)

Sistema de PA en 4vias, tipo martin, nexo, adamson o similar con potencia
adaptada al recinto.

Control de P.A.

Ecualizador 31 bandas 1/3 de octava Klark.T, Bss, Audient para PA
Mesa de sonido Soundcraft, Mackie, Yamaha o similar, preferiblemente
Analógica, con al menos 2 envíos para efectos y ecualizador de 3 bandas
mínimo.
2 canales de compresion dbx 160A o similar
1 Multiefectos tipo lexicon, t.c electronics o similar
1 Delay con TAP manual
Los multiefectos irán retornados en estéreo en los últimos canales de la
mesa de mezclas.
Lector de cd

Control monitores

2 mezclas independientes
2 ecualizadores 31 bandas 1/3 de octava
Mesa de sonido soundcraft o similar
2 cuñas de 15", dos sidefills

LISTA DE CANALES Y MICRÓFONOS DE SINGLE	Instrumentos MONITOR	Micrófonos
1	WAV PLAYER L	D.I K.T
2	WAV PLAYER R	D.I K.T
4	Electric Guitar	SM 57 o SENHEISER MD 409 / COMP
6	Voz solista	Shure beta 87 / COMP

UN MICROFONO DE TALBACK PARA LA PRUEBA Y CHECK LINE ANTES DE LA
ACTUACIÓN.

EN CASO DE NO DISPONER DEL MATERIAL REQUERIDO PONERSE EN
CONTACTO CON EL TÉCNICO DEL GRUPO:

NOMBRE DEL TÉCNICO
Teléfono del técnico

No os asustéis sino entendéis nada de lo que pone [aquello de ecualizadores, micrófonos, canales...], no es labor del gestor cultural entender este documento, sino del técnico de sonido o bien de la sala donde se realizará el concierto o bien del técnico habitual del grupo de música.

Lo principal de este documento y que nunca debe faltar es el contacto [nombre y teléfono móvil] del técnico de sonido habitual del grupo de música o teatro... ya que en muchas ocasiones por cuestión de presupuesto no puede viajar con el grupo, entonces será el técnico de la sala o de la institución el que se hará cargo de estos requerimiento técnicos y si tiene alguna duda deberá tener a mano el contacto del técnico habitual del grupo para solucionar posibles dudas.

CAPÍTULO 10

Los proveedores

Los proveedores son nuestros mejores aliados, nos resuelven algunos problemas de última hora, por ello a medida que vayamos trabajando en diferentes proyectos elaboraremos un listado de proveedores habituales, que nos ayudarán a elegir el material que necesitamos, nos aconsejarán y trabajarán codo con codo con nosotros cuanto tengamos el tiempo justo.

Hay determinadas empresas con las que se firma un acuerdo de colaboración para que nos hagan descuentos dependiendo del volumen de trabajo que les encarguemos a lo largo del año. Aunque no firmemos este tipo de contratos si tienes un proveedor de confianza al que siempre le encargas tu trabajo recibirás interesantes descuentos y pactaréis los precios de pago de una manera más flexible.

Las instituciones suelen tener sus propios proveedores, en muchas ocasiones nos aconsejarán que trabajemos con ellos, en nosotros está la decisión.

Las empresas de gestión suelen firmar convenios de colaboración con: empresas de envíos de documentos/paquetería, imprentas, agencias de viajes, hoteles, diseñador gráfico, empresa de material audiovisual, medios de comunicación para insertar publicidad, etc.

CAPÍTULO 11

La planificación del tiempo

La planificación consiste en el reparto de las tareas necesarias para desarrollar nuestro proyecto en unos tiempos establecidos. Los tiempos pueden estar marcados por las exigencias de la institución, por la fecha seleccionada, la estación del año más propicia para nuestro proyecto, por la urgencia económica de nuestra empresa, están sujetos a muchas variables, pero la principal es la que marcará el proyecto y sus características.

Tendrá un carácter interno, a la institución únicamente le comunicaremos las fechas claves [utilización de su espacio, comienzo de la difusión...]. Tenemos que considerar que no vamos a utilizar el espacio de la institución únicamente en el momento de realización de las actividades sino que la mayor parte de las veces necesitaremos unos días previos de montaje y otros para el desmontaje, sino lo comunicamos a la institución puede que las actividades no se puedan realizar porque la institución tenga ya todos los días reservados. De nuevo podemos entrar en conflicto con la institución, es probable que no vuelvan a confiar en nosotros y nuestra profesionalidad se verá afectada.

Hay diferentes modelos para representar el reparto de tareas en el tiempo, uno de los más utilizados, no solamente en gestión cultural, es un cronograma como el siguiente:

	NOVIEMBRE				DICIEMBRE				ENERO				FEBRERO			
Contacto institución	▓	▓														
Confirmación institución			▓													
Contacto grupos música			▓	▓	▓											
Cierre grupos música					▓											
Elaborar difusión						▓										
Envío difusión:																
- Publicación web						▓										
- Papel									▓	▓	▓	▓				
- Mailing									▓	▓	▓					
-Redes sociales						▓			▓	▓	▓					
- Notas de prensa						▓			▓			▓				

- Anuncio en prensa													▓		
Venta entradas									▓		▓				
Llegada material inst.															▓
FESTIVAL															█
Realización pagos															▓
Evaluación															▓

Este cronograma es un resumen del utilizado para desarrollar un festival de música electrónica que desarrollamos en Sevilla. Se pueden agrupar las tareas por colores (contacto institución, contacto grupos de música, comunicación). Como veis lo hemos dividido por semanas pero se podría hacer por meses o por días. Es muy intuitivo, muy visual, fácil de elaborar con cualquier procesador de textos.

Aprovechando este ejemplo, una pregunta típica en este tipo de proyectos es si tenemos que tener cerrados los grupos de música, es decir, que ya les hayamos ofrecido una fecha concreta para una actuación cuando todavía ni lo hemos presentado a la institución y por tanto no tenemos su confirmación. La respuesta es que no es necesario, normalmente se contacta con el grupo, se les pide el caché (sus honorarios), se les comenta que vamos a hacer esta propuesta a la institución y las fechas, ellos nos dirán si tienen esos días disponibles pero sin comprometernos a nada, no les podemos asegurar la actuación. Si como en el ejemplo el festival lo conforman cuatro grupos musicales, lo que se suele hacer es plantearle a la institución un dossier con unos diez grupos y comentarles que de estos se elegirán finalmente cuatro, no nos podemos pillar los dedos y presentar solamente cuatro, que la institución sepa que van a ser exclusivamente esos grupos y que resulte que porque nos hemos retrasado en los tiempos el grupo ya haya cerrado otra actuación en esa misma fecha. Esto se puede aplicar en las artes escénicas en general.

Aspectos a tener en cuenta:

- *El calendario de fútbol.* Aunque parezca que no son compatibles, no hay experiencia más demostrativa que hacer coincidir tus actividades con un Real Madrid – Barça y veréis fracasar vuestra asistencia de público. Simplemente tener el calendario de Liga y consultarlo siempre, hay competiciones más difíciles de prever, pero hay que evitar la coincidencia con los partidos que tienen un mayor seguimiento.

- *Calendario de días festivos.* Normalmente trabajamos en una ciudad y conocemos su calendario laboral, pero si queremos programar fuera de nuestra ciudad tenemos que saber que días festivos son allí, si hay algún puente, fiestas locales, regionales... para adaptar nuestro proyecto. Nos puede beneficiar o perjudicar que sea festivo, depende del proyecto, por lo general es algo negativo ya que la gente abandona la ciudad y los turistas no suelen a acudir a este tipo de actividades.

- *Acontecimientos extraordinarios.* Estar alerta de este tipo de eventualidades en la ciudad en la que desarrollemos nuestras actividades. Ej.: una macromanifestación estudiantil en las horas previstas para nuestras actividades y a la que acudirán nuestros principales destinatarios.

Hay acontecimientos imprevisibles con los que no podemos contar y que pueden ocurrir, ahí está nuestra habilidad como gestores para salir airosos.

Otro fallo típico a la hora de elaborar el cronograma es la anticipación. Por ser precavidos en exceso en muchas ocasiones queremos tener todo el material con mucha antelación o que los artistas participantes estén un día antes en la ciudad para que no falle nada, en principio es una buena forma de trabajar, nos aseguraremos de que menos cosas fallen pero nos supondrá un coste adicional. Si necesitamos alquilar una carpa para unas actividades que se realizan un viernes por la tarde no servirá de mucho que la carpa ya esté montada el jueves por la noche nos cobrarán un día más de montaje, se puede hacer el mismo viernes por la mañana, quizás nos genaré más estrés pero abaratará nuestro presupuesto, igual ocurre con los artistas [músicos, actores, ponentes...] si están en la ciudad el día anterior tendremos que pagar una noche de hotel más. Tenemos que aprender a afinar los tiempos para optimizar recursos y personal.

CAPÍTULO 12

El presupuesto

En la práctica nada más tener una idea algo definida inmediatamente empezamos a hacer cuentas a grandes rasgos, a apuntar en un papel, utilizar la calculadora del móvil o del ordenador para ver si nuestra idea puede llevarse a cabo o son tantos los costes que nos resultará imposible, la debemos apartar hasta que le demos otra vuelta. Si estáis empezando no os asustéis, con la práctica sabréis, más o menos, lo que cuesta alquilar un equipo de luces, o la impresión de mil carteles, es solamente cuestión de tiempo.

Además Internet ha facilitado muchísimo este trabajo, si necesitamos conocer el coste exacto de, por ejemplo, un equipo de microfonía podemos solicitar a través del correo electrónico presupuestos a empresas de nuestra ciudad y en pocos minutos los tendremos en nuestra bandeja de entrada para hacernos una idea del coste medio del equipo.

Por nuestra experiencia tras el trabajo con muchos gestores podemos decir que este es uno de los aspectos en los que más cojea nuestra profesión pero tenemos que hacer un esfuerzo por ajustar los presupuestos lo máximo posible ya que presentar cifras irreales, por exceso o por defecto, únicamente nos puede acarrear problemas con la institución y con nuestro equipo. De vez en cuando hay que bajar del mundo de la ideas y volver a la realidad si queremos vivir de este oficio, y los números forman parte de nuestro trabajo.

El presupuesto, junto con la idea, es una de las partes más importantes de nuestro proyecto ya que de él dependen el resto de apartados, si podemos invertir más en comunicación lo que repercutirá en una mayor asistencia de público, si contrataremos a tal o cual experto, si dispondremos de un equipo de sonido u otro, absolutamente todo depende del presupuesto.

Deberemos desarrollar una tabla dividida en:

- *Ingresos*: venta de entradas, aportación de la institución, patrocinadores, merchandising, venta de bebidas, etc. Este último es un caso especial y reciente, hay algunas instituciones que no tienen posibilidad de aportar el dinero que les pedimos, pero sí nos permiten ubicar una barra en sus instalaciones y el dinero íntegro de la venta de bebidas va para nosotros, esto es una decisión de cada gestor, si deseamos trabajar contemplando esta opción.

- *Gastos*: recursos humanos, desplazamiento, imprenta, diseñador gráfico, anuncios en prensa, alquiler de material y espacios, etc.

Resulta complicado afinar un presupuesto al cien por cien en gestión cultural ya que siempre surgen problemas de última hora con un equipo de audiovisuales, con uno de los participantes que perdió un avión, con un error en la impresión de los carteles... una regla no escrita es que si vamos a solicitar la cantidad total a la institución es llegar al acuerdo de que ese presupuesto puede variar en un 10%, generalmente no ponen ningún tipo de problema.

Tened muy claro que si los costes se elevan la diferencia siempre saldrá de los honorarios reservados para el gestor cultural. Si por ejemplo hemos solicitado 12.000 euros, de los cuales 3.000 euros son la partida que nosotros cobraremos y finalmente el presupuesto se va a 14.000 euros significa que nos quedarán unos honorarios de 1.000 euros, hemos perdido 2.000 ya que el resto de partidas serán inamovibles, por ello tenemos que elaborarlo con calma para que haya el menor número de errores *a posteriori*.

A continuación os presento un resumen de un presupuesto que pertenece a un proyecto de un festival de música electrónica que realizamos hace un tiempo en un museo de arte contemporáneo. Programamos cuatro conciertos [de jueves a domingo], en esta ocasión solamente pedimos prestadas las instalaciones a la institución ningún desembolso económico. Los ingresos vinieron de la venta de entradas, además nos permitieron montar una barra de bar, nosotros no la explotamos directamente sino que la alquilamos a un bar de la ciudad por un precio fijo cada día. Fue un caso bastante particular, ya que utilizamos una iglesia barroca desacralizada que pertenecía a esta institución con un aforo muy reducido.

En esta tabla calculamos cuáles son los máximos ingresos que podemos obtener de este festival teniendo en cuenta el aforo completo, el precio de las entradas y descontando los gastos.

INGRESOS		GASTOS	
1. Asistentes máximos	800 asistentes	Caché grupos de música	4.000€
200 asistentes x 4 conciertos		4 grupos x 1.000€	
		Alojamientos	660€
2. Precio entrada	12€/concierto	Viajes	840€
3. Ingresos máximos por entradas	9.600 €	Técnico de sonido	600€
4. Concesión de la barra de bebidas	1.600€	Anuncio en prensa local	400€
400€/día			
		1.000 carteles	200€
		1.000 entradas	50€
		1.000 flyers	100€
		Papelería/envío postal	200€
		Pegada carteles/reparto flyers	300€
Ingresos máximos	11.200€		7.350€
Ptos. 3 + 4			

Calculamos que si llenamos el aforo a diario obtendríamos unos beneficios de 3.850 euros por este proyecto de donde saldría nuestro sueldo, el sueldo de nuestro equipo. Pero cuando no contamos con la colaboración de ningún patrocinador y la institución no hace ningún aporte económico el dato más importante que tenemos que tener es el número mínimo de entradas/aforo que tenemos que vender para no perder dinero. Es muy sencillo:

Si tenemos unos gastos de 7.350 euros a los que descontamos los ingresos fijos (alquiler de la barra) tendríamos que vender 480 entradas para pagar el resto de los gastos que ascienden a 5.750 euros, lo que supone el 60% del aforo en cada concierto. Quizás sea arriesgar mucho, nosotros lo hicimos y conseguimos el máximo de beneficios, siempre apoyados por una buena comunicación.

12.1. Modelos de relación económica entre la institución y el gestor

Desde la llegada de la actual crisis económica ha cambiado completamente el panorama a la hora de establecer una relación económica con las instituciones. Antes de esta situación se presentaba el presupuesto que solicitábamos a la institución y obteníamos una respuesta positiva o negativa, actualmente la primera cuestión que escuchamos es: nos han recortado el presupuesto, no tenemos capacidad para asumir los costes..., pero ahí está la habilidad del gestor cultural para conseguirlo.

Estos son los tres modelos habituales:

- *La institución se encarga del pago de todos los proveedores,* requisitos técnicos, en definitiva abona todas las facturas que genere el proyecto, van con sus datos fiscales y únicamente nos adeuda nuestros honorarios. El inconveniente es que quizás cobremos a 90 días en el mejor de los casos, además los proveedores en la actualidad se están negando a cobrar de las instituciones ya que tardan muchísimos meses en liquidarles lo que les puede suponer serios problemas para su empresa, sino el cierre. Además si nosotros como empresa de gestión le debemos a un proveedor tienen muy fácil localizarnos, llamarnos todos los días, presionarnos e incluso denunciarnos. Sin embargo al proveedor se le hace mucho más complicado cuando la deuda viene por parte de la Administración ya que es difícil hasta localizar al responsable y cuando se dirigen al personal de asuntos económicos responden que ellos son simplemente unos mandados..

- *La institución nos concede el montante económico* que le hemos solicitado y nosotros gestionamos íntegramente el pago de todo lo generado por el proyecto. Aquí nos encontramos con el mismo problema que en el caso anterior tenían los proveedores, que quizás tengamos que adelantar dinero de nuestro bolsillo que ya nos pagará la institución muchas veces meses más tarde. Cuando aprueban una cantidad destinada a nuestro proyecto no realizan el ingreso en nuestra cuenta bancaria al instante, generalmente se paga un cincuenta por ciento antes de la realización de las actividades y el otro cincuenta por ciento *a posteori*, ¿cuándo? Pues a veces a 60 días, otras a 90 como hemos comentado y otras pasan varios meses. Dejad fijado bajo contrato estos plazos.

- *El modelo de 'autogestión'.* Es el que os aconsejo y que nosotros seguimos desde hace años, consiste en solicitar espacios de manera gratuita a las instituciones para desarrollar nuestros proyectos y que nos dejen administrar la parte económica a nosotros, es decir, si hay venta de entradas, inscripciones, que nosotros recibamos directamente ese dinero. Las instituciones culturales cada vez tienen menos presupuesto y personal, las actividades se han visto reducidas drásticamente pero siguen teniendo buenísimos espacios que podemos utilizar, es cierto, que algunas han visto negocio y ahora las alquilan pero siempre podemos negociar con ellos.

En este caso lo que tenemos que conseguir es que todos nuestros colaboradores cobren una vez realizadas las actividades, no 90 días después, les podremos pagar al día siguiente, esto es que si contratamos a un grupo de teatro cobren nada más terminar la representación, ya que nosotros ya tenemos la recaudación de la taquilla. En este modelo es aconsejable contar con patrocinadores para cubrir lo que antes aportaban las instituciones.

No penséis que esta 'autogestión' únicamente sirve para proyectos menores o de lo que no obtendremos grandes ingresos, únicamente tendremos que adaptar nuestras ideas o buscar financiación de otro modo.

En el caso del festival de música electrónica que nos ha servido para realizar el presupuesto, solicitamos a la institución el uso gratuito de sus instalaciones, además de su personal de seguridad y de limpieza que trabajan habitualmente en la institución. Nosotros recibiremos ingresos directos de la taquilla y del alquiler de la barra del bar y si nos lo trabajamos también de algún patrocinador, cuando tengamos ese dinero en nuestro poder, es decir el mismo día en que termina el festival realizaremos los pagos a artistas, imprenta, diseñador... y obtendremos nuestro beneficio al instante.

Sed buenos pagadores, eso repercutirá en la buena imagen de nuestra empresa y no tendremos problemas a la hora de contar con artistas, expertos, proveedores, etc.

12.2. Cómo presentar el presupuesto a la institución

En el primer envío que realizamos de nuestro proyecto al director de la institución ¿indicaríais la cantidad que les solicitamos?

Mi recomendación es que no. Desde mi experiencia recibiendo proyectos cuando trabajaba en una institución es que en algunas ocasiones el director va directamente a la hoja del presupuesto y viendo la cantidad señala que eso no lo pueden desembolsar, que es demasiado o que el proyecto no merecerá la pena porque la cantidad es muy baja. Para evitar una cosa u otra y que se fijen en el contenido en el primer envío es mejor no indicarla.

Tenemos que conseguir que el responsable de la institución se enamore de nuestra idea, que le parezcan interesantes y ajustadas a los objetivos las actividades, ya que si conseguimos esto y el director está convencido de que quiere que ese proyecto se realice en su espacio, aunque su institución no tenga el dinero hará todo lo posible por conseguirlo con colaboraciones con otros organismos, nos ayudará con los patrocinadores, pero la idea le tiene que convencer.

Será en la entrevista personal con el director de la institución cuando le comentemos el presupuesto que estamos barajando.

Elaboraremos dos modelos:

- *Uno con todo muy detallado,* material por material, punto por punto. Este modelo lo llevaremos a la entrevista, debemos demostrar que el presupuesto lo hemos realizado con total profesionalidad y justificar hasta el último céntimo que le vamos a solicitar. Este documento no se lo dejaremos al director de la institución para evitar que nos copien la idea.

- *Otro mucho más general,* dividido únicamente por partidas presupuestarias, este será el modelo que dejaremos al director: material técnico, honorarios, transporte, alojamientos, seguros, etc.

IMPRENTA	Valor unitario	Unidades	Total
Diseñador gráfico	825,00€	1	825,00€
Imprenta	2.100,75€	1	2.100,75€
Textos críticos	200,00€	2	400,00€
Fotógrafo	1000,00€	1	1.000,00€
Impresión catálogos	2,85€	1000	2.850,00€
		TOTAL IMPRENTA	7.175,75€

12.3. ¿Cuánto cobra un gestor cultural?

Esta es una pregunta de difícil respuesta. No existe un colegio profesional que estipule unas tarifas, cada gestor debe cifrar lo que vale su trabajo.

Muchos apuntan que se podría equiparar a otros profesionales como los diseñadores gráficos que en el mejor de los casos cobran entre 30 y 50 euros la hora de trabajo, pero cómo contabilizamos las horas de trabajo, únicamente las horas de ejecución de las actividades, sería no tener en cuenta el trabajo previo, las noches en vela apuntando todo lo que tenga que ver con la idea, reuniones de equipo, venta del proyecto... es bastante difícil contabilizar todas las horas y si lo hiciéramos quizás no le saldría rentable a ninguna institución.

Una técnica muy extendida es sumar todos los gastos que conlleva el proyecto y después dependiendo de la institución redondear la cifra teniendo en cuenta lo que puede asumir cada organismo, para ello tenemos que conocer en profundidad dichas instituciones y ver que actividades externas programan.

La fórmula que nosotros aplicamos es la que familiarmente nombramos como "yo por menos de esto...". Consiste simplemente en valorar tu trabajo, ver los meses que te ha supuesto, lo que crees que aportas a la institución y a ese sector cultural... y a partir de ahí fijar un mínimo por lo que estás dispuesto a llevar a cabo el proyecto. Mi trabajo en este proyecto, por ejemplo, tiene que ser recompensado con 5.000 euros y sino consigo colocarlo, me tendré que plantear qué estoy haciendo mal o guardarlo en el cajón. En la práctica, es cierto, que hacemos muchas cosas por amor al arte, pero debería ser el menor número de veces posibles para que se tomen nuestra profesión en serio.

Hace poco tiempo le preguntaba a un frutero que si tiraba mucha mercancía porque se les estropeaba sino la venden y me contestó que en el precio de lo que se vende ya está incluido el coste de lo que se tiene que tirar a la basura, pues deberíamos hacer algo similar. Podemos tener una cartera de diez proyectos cada año que estamos moviendo por instituciones, que les hemos dedicado nuestro esfuerzo, pero no salen más que cuatro pues en esos cuatro tendremos que incluir en cierto modo el trabajo de los otros seis.

Y recordad que cualquier imprevisto sale de vuestro bolsillo.

CAPÍTULO 13

Los patrocinadores

Un buen ejercicio antes de ponernos a la tarea de buscar un patrocinador es mirar los carteles, folletos, páginas webs de otros proyectos de nuestro mismo sector cultural y ver cuáles son las marcas que se repiten. ¿Para qué sirve este ejercicio?. Uno de los mayores problemas que se encuentran los gestores culturales a la hora de hablar con empresas que nada tienen que ver con la cultura es la incomprensión, no entienden qué les estamos proponiendo, no saben como enfocarlo dentro de su trabajo, pero si vemos que una determinada marca de cerveza colabora habitualmente con proyectos teatrales en nuestro ámbito geográfico entenderán mucho mejor nuestro festival de teatro, estarán más respectivos porque ya han trabajado en ese ámbito, tendrán incluso cierto compromiso con él.

Existen dos fórmulas básicas para conseguir un patrocinio:

- *Contactar con una agencia de comunicación/publicidad.* Estas empresas además de a otras muchas labores, se dedican a hacer de intermediarios entre organizadores de eventos, pero también entre gestores culturales y las marcas.

El funcionamiento es muy sencillo, buscaremos la/s agencia/s que más nos interesen, nos pondremos en contacto con ellas y les pediremos una cita para hablarles de nuestro proyecto. Generalmente nos pedirán un adelanto por correo electrónico, les podemos enviar el proyecto resumido. Durante la entrevista ya nos dirán si será fácil obtener algún patrocinio y por donde irá la cantidad que pueden desembolsar las marcas con las que ellos trabajan. Si consideran que se puede vender comenzarán a realizar su trabajo, se reunirán con las marcas, negociarán, cerrarán acuerdos. En este transcurso de tiempo nos irán informando de los pasos que dan, de los avances y retrocesos que consiguen. Si conseguimos uno o varios patrocinadores firmaremos un contrato donde aparecerán los compromisos tanto de la marca como nuestros.

¿Qué obtiene la agencia de todo este proceso? Un tanto por ciento de lo que nos paga la marca pero eso a nosotros no nos debe preocupar, nuestra empresa lo que tiene que negociar es la cantidad que necesitamos, esto es, si vamos a la agencia y les decimos que nuestras necesidades son de diez mil euros, lo que nos interesa es que nos consigan esa cantidad final, la que ingresarán en nuestra cuenta bancaria, lo que ellos ganen por la intermediación no es asunto nuestro.

- Un buen motivo para confiar en una agencia, es que cuando llega la celebración de nuestras actividades, una persona que trabaja con ellos se encargará de recibir a los representantes de las marcas, de colocar logotipos, stands, contratar azafatas, etc. Es trabajo que nos ahorran sobre todo si son varios los patrocinadores ya que la coordinación se complica habitualmente.

- *Contactar directamente con la marca.* Dirigirnos al responsable de cada de una de las marcas con las que deseamos contar, enviarles el proyecto, cerrar la colaboración. Dicho así parece un trabajo sencillo pero nos puede llevar varios meses hasta que consigamos una respuesta afirmativa y negociaciones bastante pesadas, además tendremos que realizar esta tarea de forma individual con cada una de las marcas con lo cual el trabajo se multiplica.

Cuando pensamos en un patrocinio generalmente nos viene a la cabeza que son esos señores que nos darán una cantidad de dinero para nuestro proyecto a cambio de asociar su nombre a nuestro proyecto, no siempre es así. Existe otro tipo de patrocinio en especie, no desembolsan una cantidad de euros sino que por ejemplo nos regalan o ceden una cantidad de sus productos, por ejemplo si estamos pensando en celebrar unas sesiones de videoarte podemos contactar con una marca de audiovisuales para que nos presten proyectores y equipos de sonido, es muy habitual que una marca de bebida nos regale un número determinado de muestras de su producto para la inauguración del proyecto, hay que tenerlo en cuenta ya que nos pueden ahorrar bastante dinero.

Tanto las agencias de comunicación como los departamentos de márketing de las marcas necesitan un tiempo prolongado para tomar una decisión, querrán conocer muy bien el proyecto, el lugar en el que se desarrolla, quiénes somos. Además nuestro proyecto pasará por varias manos antes de darnos una respuesta definitiva, al fin y al cabo ellos también están arriesgando un dinero, quieren valorar si la inversión les portará beneficios en términos de imagen y proyección pública. Por ello hay que tener paciencia y presentar proyectos con meses de antelación y, por experiencia, en algunos casos te dan una respuesta afirmativa con apenas semanas o incluso días antes de que se celebren nuestras actividades. Es importante tenerlo en cuenta a la hora de organizar el cronograma.

13.1. ¿Qué nos va a exigir el patrocinador?

Que incluyamos su logotipo en toda la difusión que hagamos: página web, mailing, redes sociales, cartelería, flyers, entradas...

Que aparezca su marca en algo que los participantes de nuestras actividades se puedan llevar a casa: la entrada, un obsequio, merchandising.

Tendremos que pactar la intervención gráfica que harán en el espacio donde se desarrollará el proyecto. Si van a colocar un stand con una azafata entregando muestras del producto, colgar banderolas en el edificio de la institución con su logotipo, vinilos en el interior... tenemos que cerrar muy bien este tema para que no lo invadan todo visualmente y al final nuestras actividades queden arrinconadas o pierdan importancia, lo que nos diferencia de un evento de marca, es precisamente esto, que en el proyecto cultural las actividades deben ser mucho más importantes que al imagen de marca de nuestros patrocinadores.

13.2. ¿Qué le interesa al patrocinador de nuestro proyecto?

Debería interesarle el contenido, y en gran medida es así pero muchas veces ellos ven oportunidades de difusión de su marca que no tienen que ver con el proyecto, en líneas generales:

- *La imagen del proyecto* suele ser de lo más importante y lo que siempre miran con lupa. Una marca nunca va a asociarse con nosotros si la imagen gráfica del proyecto no les interesa. Ellos, al igual que debería hacer nuestra empresa, cuidan cada detalle, tienen claro lo que quieren proyectar a sus potenciales clientes y van a ser bastante intransigentes en este asunto

- *Nuestra capacidad de convocatoria con medios de comunicación.* Para un patrocinador salir en prensa significa publicidad de forma gratuita, que entrevisten al director del ciclo de danza y que detrás aparezca el logotipo de cualquier marca hace que aumente su presencia, por ello gran parte de nuestro trabajo será realizar una buena comunicación, para que estas marcas confíen en futuros proyectos que les presentemos.

Esta técnica es lo que se conoce como *publicity* y que también perseguimos los gestores culturales. Si por ejemplo el fin de semana celebramos en un museo de arte contemporáneo tres pequeños conciertos de música y conseguimos que cuatro o cinco periódicos locales hagan entrevistas a los grupos que participan los días previos seguramente el número de entradas que se venderán será mayor y no hemos tenido que pagar nada a los periódicos por aparecer.

- *Los destinatarios del proyecto.* Nos consultarán sobre las variables que hemos tenido en cuenta a la hora de valorar quienes serán los asistentes a nuestras actividades. Edad, sexo, lugar de residencia, nivel socio-cultural, etc. También nosotros tenemos que saber a qué marcas dirigir cada uno de nuestros proyectos dependiendo del público al que está enfocado el proyecto, sino estaremos perdiendo el tiempo. No es lo mismo un ciclo de danza contemporánea que otro de flamenco.

- *Ubicación del espacio donde se van a desarrollar las actividades.* Si es un sitio céntrico, si el edificio tiene visibilidad exterior, si es un lugar de paso, su tamaño... También querrán saber a qué se dedica habitualmente la institución, si está muy señalada políticamente, quién es su director y su trayectoria.

- *Buena comunicación por medios de transporte públicos*, si existe un parking cercano, buenos accesos. Imaginaros que asistimos de noche a un concierto que nos ha encantado, pero a la salida, por la hora, pasan autobuses cada 45 minutos, no hay una parada de metro cercana, pues al final nos queda un recuerdo agridulce, esto no se lo puede permitir la marca que nos ha patrocinado, los asistentes tienen que llegar a sus casas o al próximo lugar donde vayan con la impresión de que les ha gustado y se lo han pasado bien. Tendremos que elaborar un plan de medios de transporte con la frecuencia y cercanía de los mismos.

13.3. ¿Cuándo solemos cobrar lo pactado con los patrocinadores?

Lo ideal es que el 50% de la cantidad que hemos firmado se cobre antes de la realización del proyecto y el otro 50% se suele pactar a 60 o 90 días desde que finaliza el proyecto, todo depende del acuerdo al que lleguemos.

Como consejo, la ejecución de vuestro proyecto no puede depender de los patrocinadores, sino que sea un plus a vuestro trabajo. Ya que si se os cae en el último momento o el pago lo hace *a posteriori* puede suponer o que no salga adelante o que quedéis endeudados.

CAPÍTULO 14

¿Dónde desarrollaremos nuestro proyecto?

Es importantísimo definir el territorio que vamos a cubrir [continente, país, provincia, barrio, calle...] y los elementos distintivos de ese territorio, qué le hace especial, por qué hemos decidido este y no otro.

Un aspecto fundamental de nuestro trabajo es elegir y analizar las características del territorio donde deseamos poner en marcha nuestro proyecto. Un error habitual es importar proyectos que se han desarrollado en determinadas ciudades donde han sido un éxito y en su nueva ubicación fracasan, las causas suelen ser claras, no hemos tenido en cuenta las particularidades del nuevo emplazamiento geográfico.

Todavía sigue vendiendo aquello de que tal proyecto es un éxito en Berlín [los más innovadores en gestión cultural], en Nueva York o en Londres. Si yo fuera el director de una institución lo primero que preguntaría, ¿y por qué te has decidido a traerlo aquí?. Pues es en este apartado tendremos que desarrollar esta respuesta.

Hay que conocer el territorio, saber quién vive ahí, qué le hace interesante como para seleccionarlo para nuestro proyecto. Cada ciudad, casi cada barrio y cada calle, tienen sus propias normas, sus propios horarios, sus maneras de relacionarse... todo esto hay que tenerlo muy presente. Tan sencillo como que en una ciudad la hora para programar un concierto de rock será diferente a la de otra y que el precio igualmente variará. Afortunadamente esto es fácil de averiguar, solamente tendrás que buscar el horario y el precio habitual en otros conciertos similares que haya programado la competencia en esa misma ciudad con anterioridad, no podemos olvidar consultarlo.

Tenemos que saber que no existe un proyecto mágico que funcionará en cualquier territorio, se nos suele olvidar en nuestros primeros proyectos.

Debemos hacer por tanto un análisis del entorno que hemos elegido para el proyecto, debemos presentar este apartado a la institución, pero indicaremos solamente lo absolutamente necesario, tenemos que ser muy concisos, aportando datos relevantes, no debería ocupar más allá de una página y es imprescindible adaptarlo a nuestro interlocutor. Para el equipo podemos hacer algo un poco más extenso, podemos profundizar algo más aportando detalles más precisos.

La 'dinámica territorial' consiste en analizar todo esto, se trata de resaltar aquellos aspectos que hacen singular al territorio para que deseemos desarrollar allí nuestro proyecto. Hablaremos de la sociedad [o parte de la misma] en la que vamos a influir, a intervenir, por tanto no solamente hablamos de variables territoriales [datos geográficos, históricos, urbanísticos] sino también, y más importante, de personas.

¿Pensáis que el siguiente ejemplo ofrece datos útiles para un proyecto expositivo con jóvenes fotógrafos del País Vasco que presentaremos al director de un museo de arte contemporáneo de Bilbao?

Bilbao (en euskera también Bilbo) es un municipio español, situado en el norte del país, y una villa de dicho municipio, capital de la provincia y territorio histórico de Vizcaya, en la comunidad autónoma del País Vasco. La villa de Bilbao es la capital y única localidad del municipio, y con 352.700 habitantes según el padrón de 2011, es la urbe más poblada de la comunidad autónoma, siendo la cabecera del área metropolitana de Bilbao, una conurbación de más de 900.000 habitantes que se extiende a lo largo de la ría de Bilbao o del Nervión.

El núcleo urbano se encuentra rodeado por dos cadenas montañosas con una altitud media que no supera los 400 metros. Estas cadenas forman algunos de los límites naturales del municipio. Los principales municipios limítrofes son Sondica, Zamudio, Basauri y Baracaldo.

Aunque os parezca extraño, en muchas ocasiones nos hemos encontrado algo similar a esta descripción como dinámica territorial. Evidentemente no aporta nada al proyecto, sobre todo porque el director de una institución radicada en Bilbao conoce todos estos datos, lo único que conseguiremos es que piense que ha perdido el tiempo leyendo toda esta parrafada y ya no le interese el resto del proyecto. Son datos extraídos de *Wikipedia*, es como cuando te mandan un trabajo en el institutito o en la universidad y únicamente copias y pegas, estamos hablando de algo más serio, de nuestra profesión. Tenemos que ser más selectivos con la información.

Hay que adaptar dicha información, como hemos dicho, a cada uno de nuestros interlocutores. En el siguiente ejemplo lo utilizamos para una campaña de liberación de libros en una univesidad:

La Universidad Complutense de Madrid cuenta con 81.175 estudiantes de los cuales el 76% tiene una edad comprendida entre los 18 y 23 años.

Según un estudio de la propia Universidad sus alumnos leen 2,2 libros mensualmente. Según el mismo estudio un 61% adquieren los libros mientras que el resto los toman en préstamo de bibliotecas, compañeros...

¿A quién presentaríamos estos datos si somos una empresa de gestión cultural que deseamos realizar este proyecto?. Podemos pensar que a la Vicerrector/a de Alumnas/os o de Cultura de la Universidad Complutense ya que serán ellos los que decidan si el proyecto sale adelante, pues en principio no sería muy prudente, ya que el/la vicerrector/a de turno tendrán esos datos dándole a una tecla, quizás nosotros no tenemos los datos actualizamos ya que los hemos encontrado en Internet y por tanto ya estaremos produciendo una mala impresión a las primeras de cambio, es mejor no arriesgar con las cifras si nuestro interlocutor las conoce. Sin embargo serían datos muy interesantes para un patrocinador que no conoce el número de alumnos de esta Universidad, ni sus hábitos de lectura y no se van a poner a investigar, se fiarán de nuestras 'investigaciones'.

Suelen ser datos interesantes, repito, dependiendo del interlocutor:

- El número potencial de destinatarios

- El ámbito geográfico a cubrir [ciudad, barrio, calle...]

- Los hábitos de consumo cultural obtenidos a través de estudios, informes de expertos que podemos encontrar en bibliotecas, archivos, Internet...

- Centros de interés culturales de la zona [museos, centros culturales, bibliotecas...]

- Centros de interés no culturales cercanos al lugar de desarrollo de las actividades

- Nivel de consumo cultural [estos datos quizás son más difíciles de encontrar, dependiendo del territorio]

- Actividades culturales más relevantes [festivales, ciclos de algún sector cultural, fiestas...]

- Hábitos diarios de los destinatarios, sobre todo los referidos a los horarios

- Medios de transporte que nos llevan a la institución, etc.

En lo formal, para nuestro equipo de trabajo podemos utilizar tablas, esquemas, diagramas... pero para la institución/patrocinador es recomendable una redacción, que todo quede muy claro, no dejar lugar a la confusión ni a una mala interpretación de lo expuesto.

Para realizarla podemos consultar censos, publicaciones existentes, encuestas... Hay gestores que van más allá en su trabajo y se entrevistan con agentes que tengan cierta influencia en ese territorio o en ese sector cultural para obtener información valiosa sobre esa colectividad a la que dirigiremos nuestras actividades, también organizan grupos de discusión de personas que vivan en ese ámbito geográfico para obtener más información, pensamos en asociaciones, grupos de lectura, clubs culturales, etc. etc. Pero todo esto lleva mucho trabajo, supone una inversión en tiempo sin saber si el proyecto se va a vender, este tipo de técnicas suelen ser más habituales desde las instituciones, organizan este tipo de encuentros con asociaciones, sobre todo vecinales, para conocer qué les puede resultar interesante y tratar de incluirlo en sus programaciones.

CAPÍTULO 15

¿A quién dirigimos nuestro proyecto?

Tenemos que definir los destinatarios, los "clientes" de nuestras actividades culturales.

Una situación que se repite más de lo deseado y que seguro que os la habéis encontrado en más de una ocasión es que ha acudido muy poca gente a una actividad en principio interesante y atractiva. Los motivos pueden ser muy variados, desde que se ha tenido muy poco tiempo en la preparación de las actividades, que el equipo era escaso debido al presupuesto o que no hicimos una buena comunicación, entre otros muchos. Estas motivaciones quizás sean insalvables, sino conseguimos el dinero necesario, quizás hemos sacrificado un poco de todas las partidas y el proyecto quedó a medio gas, pero lo que nunca puede ocurrir es que no acuda el público porque no hemos ajustado las actividades a los destinatarios que nos hemos propuesto. No podemos programar un concierto de una cantautora de los ochenta a un público universitario de 18 a 25 años, es muy probable que no la conozcan, en este ejemplo nuestros destinatarios serían los trabajadores/profesores de esa universidad y no los alumnos.

Siempre, en todos los pasos del proyecto, debemos tener muy presentes a los destinatarios, todo nuestro trabajo está dedicado a ellos, sino las actividades carecerían de sentido. Como ya hemos repetido, somos intermediarios entre el público, la institución y las actividades culturales.

Para no fallar en este punto es obvio que tenemos que conocerles muy bien, saber sus gustos culturales, sus hábitos, sus inquietudes... Una técnica muy habitual cuando nos estamos adentrando en el mundo de la gestión cultural, cuando estamos presentando nuestros primeros proyectos es dirigir las actividades, enfocar nuestros primeros trabajos a un público que tenga unas inquietudes muy parecidas a las nuestras, que tengan una edad similar, residan en la misma ciudad, con una posición socio-económica parecida, que frecuenten las mismas instituciones, tengan los mismos intereses, así será más difícil fallar. Nosotros sabemos perfectamente que proyectos les faltan a la ciudad, porque somos consumidores culturales de ese ámbito geográfico.

En este punto estaría bien que conociéramos una definición clásica de márketing referida a los destinatarios y que podemos aplicar de manera más o menos fiel al ámbito cultural: el *target*.

El target es el segmento del mercado al que está dirigido un bien.

Tenemos que definir nuestro *target*, otro error típico de principiantes es creer que nuestro proyecto le va a gustar a todo el mundo, que es para todo tipo de destinatarios, y eso puede hacer fracasar nuestras actividades, ya que para llegar a todo el mundo tendremos que hacer una difusión demasiado general que conllevará un gran desembolso económico. El consejo es que cuanto más definido esté el grupo de destinatarios, más fácil será acceder a él y, por experiencia, obtendremos una mayor y más rápida respuesta. Por ejemplo, desde hace años en colaboración con un organismo público realizamos unas jornadas sobre arte y sexualidad [muy ligado a la homosexualidad, transexualidad, teoría *queer*...], pues únicamente con enviarlo a tres asociaciones de la ciudad conseguimos ocupar todas plazas.

Las variables más habituales a la hora de clasificar a los destinatarios de nuestro proyecto:

- *Edad*. Fundamental para generar dinámicas en nuestras actividades, plantear horarios, recursos materiales que se pueden utilizar...

- *Género*. Cada vez está perdiendo más fuerza o se está teniendo menos en cuenta.

- *Nivel académico*. Aunque el tema central sea el mismo no podremos plantear las mismas actividades para estudiantes de instituto que para universitarios.

- *Estatus económico*. Si la participación de nuestras actividades conllevan un desembolso económico no podremos pedir lo mismo a un adolescente que a un experto que le estemos ofreciendo una actividad quizás más especializada.

- *Ámbito geográfico*. Que hace diferente a ese territorio de otro.

- *Distancia al lugar de la actividad*: quizás esta sea más novedosa en cultura que en otros sectores. A todos nos da pereza ir al teatro si la obra que nos interesa se representa muy lejos de nuestra casa o no existe una buena combinación de transporte. Si programamos nuestras actividades en el centro de la ciudad nunca será un problema, en Europa todos estamos acostumbrados a desplazarnos a esta zona para nuestras actividades culturales y de ocio, si deseamos programar fuera del centro tenemos que estudiar los medios de transporte que nos llevan o tendremos que aportarlos nosotros mismos. Cada vez es más habitual que una empresa de gestión cultural alquile una serie de autobuses que parten periódicamente del centro de la ciudad al lugar de las actividades.

Sería beneficioso para nuestra empresa realizar también un análisis de las motivaciones de los destinatarios para acudir a las actividades y tenerlas en cuenta para futuras ocasiones, pero este es un trabajo difícil de conseguir. En cultura es raro utilizar cuestionarios, *test*... para conocer esas motivaciones, además serían dispares, desde la persona muy interesada por la obra teatral que se representa hasta aquel que acompaña a su pareja para que no acuda en solitario a la representación.

Cuanto una empresa de gestión cultural lleva funcionando varios años es fácil que se acomode y que ideemos actividades para un tipo de público y territorio que ya conocemos bien, bien por esa comodidad o por miedo no nos arriesgamos a conquistar nuevos públicos, a cambiar ese perfil de usuario, pero siempre deberíamos estar atentos y tratando de captar nuevos públicos para incorporar a nuestros proyectos.

Existe una figura cada vez más relevante en los últimos años, de nuevo gracias a la llegada de Internet, pero sobre todo de las redes sociales, son los *prescriptores*, que son aquellas personas capaces de influir en un determinado sector de público con sus opiniones, valoraciones... Si esa persona, que suele tener un gran número de seguidores en *Twitter*, *Facebook*, *Instagram*, etc. cuelga las entradas a un festival o que están en una exposición es muy posible que algunos de sus seguidores se animen a acudir a esas actividades. También al contrario, una mala crítica a nuestros proyectos pueden suponer un contratiempo para nosotros. Cada vez es más habitual reservar entradas para este tipo de público, invitarles a nuestras actividades, en muchas ocasiones si tenemos un patrocinador este les hace un regalo para que cuelguen una imagen en redes sociales y conseguir así más repercusión y cierta viralidad.

Recapitulación de los apartados vistos

Antes de pasar a cómo debería ser el documento que contenga el proyecto, vamos a hacer un pequeño repaso de los apartados que hemos visto hasta ahora y que debería contener:

- La *idea*: lo más importante del proyecto, sin esta no existiría, es el pistoletazo de salida

- La *finalidad* y los objetivos: hacia donde dirigiremos el resto de apartados, el camino que guía al proyecto

- El *contenido*: sobre qué versa nuestro proyecto, qué temática, qué sector cultural

- Las *actividades*: la parte más visible del proyecto, lo que recibirán los destinatarios, teniendo en cuenta la función didáctica

- El *equipo*: con quién vamos a trabajar, quién desarrollará el proyecto

- *Necesidades técnicas*

- El *presupuesto*: el coste y rentabilidad del proyecto

- La *dinámica territorial*: en qué lugar se enmarcan y se desarrollarán las actividades

- Los *destinatarios*: a quiénes estas dirigidas las actividades

Como observáis falta un apartado importante, la **comunicación del proyecto**, que veremos más adelante, lo he querido hacer así para seguir un orden más o menos temporal, es decir, después de presentar y obtener el 'sí' de la institución nos pondremos con la comunicación, pero el 'plan de comunicación' se realiza con anterioridad, tenemos que saber antes de presentar el proyecto a la institución cuál será el coste de esa comunicación y las herramientas que emplearemos.

CAPÍTULO 16

El proyecto en lo formal

Un aspecto importante a la hora de redactar el proyecto, es que aunque seamos cinco personas trabajando en él, a la hora de ponerlos sobre papel, de redactarlo, debe hacerlo una única persona, ya que cada uno tenemos una forma diferente de escribir, de presentar los datos... y el receptor de nuestro proyecto debe ver un resultado cerrado y no la unión de piezas sueltas. Esto seguro que os ha ocurrido en vuestros trabajos de la universidad/instituto, aquí pasa exactamente lo mismo, al final nuestros examinadores son los directores de las instituciones o los responsables de *marketing* de una marca que nos patrocina y el documento debe tener absoluta coherencia en todos sus epígrafes.

Otra pregunta habitual: ¿qué extensión debe tener el documento que contiene el proyecto?. No hay una única respuesta, la extensión dependerá de cada autor, no existen unas reglas fijas. Eso sí, debe ser un documento fácilmente transportable, tamaño folio y con una imagen atractiva cuanto menos en su portada, que se perciba cierta elaboración. Tened en cuenta que muchos de los directores/programadores culturales se llevan este trabajo a casa, para revisar los proyectos, hacer anotaciones... se lo tenemos que poner fácil. No empleéis materiales innecesarios, nosotros nos hemos encontrado con proyectos dentro de una botella de cristal, con tapas de madera, dentro de cajas… os recomiendo la sencillez, que no sea un engorro cargar con el documento. Cada vez más en la convocatorias públicas se pide lo que os digo, tamaño folio y negro sobre blanco, esta es la tendencia actual y la que debemos seguir, eso sí, sin perder el estilo de nuestra empresa y teniendo en cuenta que la imagen gráfica es muy importante, habría que buscar un equilibrio.

Existen dos modelos habituales:

- *Proyecto ejecutivo* [unas 10/15 páginas]: es el que enviaremos en un primer contacto, resaltando lo más significativo y atractivo. Aportar las líneas básicas para suscitar el interés, que quieran conocerlo más en profundidad y nos citen a una entrevista. Que sea breve pero con la información suficiente para que se entienda la idea que deseamos transmitir pero sin desvelarlo todo.

- *Proyecto completo* [dependerá de cada autor, desde 30 a 100 páginas e incluso más], evidentemente está condicionado por las características del mismo. No tendrá la misma extensión un proyecto con actividades de animación a la lectura de un sábado por la tarde en una biblioteca que un festival de teatro que se extienda durante un mes en treinta espacios diferentes.

Debe contener todos y cada uno de los detalles del proyecto. No es conveniente enviarlo en el primer contacto a la institución ya que como aparece absolutamente todo corremos el riesgo de que nos roben el proyecto ya que tienen la guía perfecta para desarrollarlo. Lo llevaremos a la entrevista con el director de la institución y únicamente se lo entregaremos si hemos obtenido un sí rotundo y el compromiso de firmar una colaboración.

Os reseño un modelo de proyecto ejecutivo con el que habitualmente trabajamos y que nos ha dado muy buenos resultados, podéis introducir modificaciones:

Página uno: la portada. Una imagen atractiva, que nos identifique fácilmente. Solemos usar los colores corporativos de la institución a la que presentamos el proyecto para que vean que les conocemos y que el director sienta que es algo presentado casi desde dentro. Debe incluir el título del proyecto.

Página dos: logotipo de la institución receptora y sus datos de contacto.

Página tres: nuestros datos de contacto [logotipo, nombre de la empresa o gestor, teléfono, mail y página web]. También incluiremos el mes y el año del envío de proyecto, esto lo hacemos porque si el director nos llama a los seis meses del envío para ofrecernos su institución para desarrollar el proyecto y nosotros ya lo hemos cerrado con otra institución podremos justificar esta decisión, debemos mostrarle que tenía que haber reaccionado antes. Indicando la fecha es la única forma de demostrarlo y de que no se enfade el director de la institución más que consigo mismo por no haber estado más rápido.

Página cuatro: carta de presentación no más allá de un folio. Cuando empezamos en esta profesión, nos resultaba complicado elaborar un texto para el cuerpo del mail cuando enviábamos un proyecto, si todo estaba contenido en el PDF adjunto, qué podíamos poner, al final optamos por esta carta de presentación, que copiábamos y pegábamos en el cuerpo del mail aunque también la incluimos en este proyecto ejecutivo, debe contener:

- *Primer párrafo* contando quiénes somos y qué hemos realizado con anterioridad en ese sector cultural o en la ciudad de la institución, que vean que somos una empresa seria. Esto se suele hacer porque si es la primera vez que contactamos con esa institución puede ponerse en contacto con otras con las que ya hemos trabajo, por lo tanto nuestra trayectoria es nuestro aval de cara a vender futuros proyectos.

- *Segundo párrafo* con un resumen de lo más importante del proyecto incluyendo su título. Las claves del proyecto.

- *Tercer párrafo* en el que contaremos por qué hemos elegido esa institución y no otra, hacerles ver que es el primer lugar en el que pensamos aunque no sea del todo cierto, quizás tenemos más instituciones en mente o ya lo hemos presentado a otras que lo han descartado.

- *Cuarto párrafo* agradecimientos y solicitud de una cita lo antes posible

Página cinco: la finalidad y los objetivos que nos hemos marcado. Es importante como ya hemos visto que parte de estos objetivos coincidan con los que se marca la institución.

Página seis: cronograma. Indicaremos las fechas claves, no el cronograma completo, en las que esté involucrada la institución. Recordad que debemos ser flexibles en cuanto a las fechas ya que las instituciones tienen su propio calendario de actividades. Y nunca olvidéis los tiempos de montaje y desmontaje.

Página siete: ¿qué ofrecemos a la institución?. Cuál va a ser el beneficio de albergar nuestras actividades, generalmente difusión e imagen. Lo que aportamos a la institución es ligar su nombre a nuestras actividades, que nuestras actividades sumen a la imagen de apoyo a la cultura de la institución y evidentemente les tendremos que ofrecer visibilidad gracias a nuestra difusión, esto suele ser lo que más les interesa, que su institución llegue a nuevos públicos, que acudan medios de comunicación, que tengan cierta repercusión durante la celebración de las actividades, en los últimos años les interesa aparecer en redes sociales, por eso lo de contar con un *community manager* que ellos no suelen tener entre su personal.

Página ocho: colaboración con la institución. Qué les solicitamos pero nunca la cantidad exacta en este primer envío como ya dijimos. Siempre hablaremos de 'colaboración', para obtener esos beneficios de imagen/difusión con qué colabora la institución. En muchas ocasiones no será dinero directamente, sino la colaboración de su personal, la cesión del espacio y sus materiales tecnológicos, etc.

Página nueve: currículum de nuestra empresa o nuestro como gestores culturales, quiénes somos, qué hemos realizado en ese sector cultural o en esa ciudad.

Página diez: contraportada que puede ser igual que la portada.

Portada	Logotipo Institución	Datos de contacto	Carta de presen- tación	Carta de presen- tación

Crono- grama	¿Qué ofrece- mos?	Colabora- ción de la institución	Nuestro currículum	Contra- portada

Quizás os preguntaréis si con únicamente diez páginas aceptan nuestro proyecto, ¿para qué desarrollar todos los apartados del proyecto?. Tenemos que diferenciar entre el proyecto que contiene absolutamente todos los detalles para la ejecución del mismo y aquellos apartados que vamos a seleccionar para conseguir la colaboración de una institución, una empresa privada o un patrocinador. Es fundamental desarrollar el proyecto de una forma completa, será como el manual de instrucciones del proyecto al que recurrir siempre que surja cualquier duda.

Siempre que el proyecto lo requiera podemos complementarlo con anexos que refuercen la idea de lo que estamos presentando.

Diferenciación de proyectos

Existirá un único proyecto, que es lo que se conoce en la profesión como la 'biblia', donde estarán absolutamente todos los apartados desarrollados [idea, objetivo, destinatarios, plan de comunicación...] y de este documento tendremos que extraer apartados para los diferentes interlocutores, presentándoles lo que más les puede interesar. Veréis que faltan los destinatarios, pero lo trataremos ampliamente en los temas de comunicación.

A continuación vamos a ver lo que por norma general más les interesa a los diferentes interlocutores:

17.1. La dirección de la institución

El impacto para la institución. Para que le sirve a la institución albergar nuestras actividades. Generalmente vendemos imagen del tipo: ligar la trayectoria de la institución con la música de vanguardia, o abrir la institución a nuevas culturas a través por ejemplo de un ciclo de cine del Magreb...

Objetivos. Deben saber los objetivos que nos hemos marcado y que en gran medida deben ser compartidos también por ellos

El uso de recursos internos. Tanto materiales como recursos humanos.

Presupuesto, en el caso de que les pidamos cierta cantidad económica.

Relación con otras instituciones. Si es la primera vez que hemos contactado con esa institución, nuestros avales además de proyectos anteriores, son las instituciones con la que ya hemos trabajado por ejemplo en la misma ciudad o comunidad autónoma, siempre que sean del mismo color político, sino se pueden levantar recelos. Ej.: si he trabajado con la Consejería de Cultura de la Junta de Andalucía y ahora le quiero presentar un proyecto a la Consejería de Innovación, que es muy posible que no nos conozcan, señalaré en el proyecto este contacto anterior. Esta es un arma de doble filo, porque si hay rivalidad entre instituciones de distinto partido político o incluso del mismo puede que no tomen en cuenta nuestro proyecto, siempre soy partidario de arriesgar y salvo que tengamos información de primera mano, incluiría toda la información que creamos conveniente, no podemos entrar en su juego.

17.2. Los medios de comunicación

Impacto mediático: lo que puede llamar la atención de los consumidores de medios

Contenido de las actividades: deben saber horarios, lugar, quienes participan...

Nombres destacados: generalmente para realizarles entrevistas

Lo novedoso del proyecto: los medios de comunicación trabajan con la novedad, no van a cubrir unas actividades para niños sobre Picasso salvo que los materiales o las técnicas empleadas para realizarlas sean muy innovadoras.

17.3. Los patrocinadores

Su presencia dentro del proyecto: qué papel ocupan ellos, dónde irán sus logotipos, que herramientas de marketing pueden utilizar...

Imagen: nunca un patrocinador asociará su marca si la imagen gráfica de nuestro proyecto no le atrae, salvo que sea alguna actividad con fines solidarios.

Destinatarios: cuál es nuestro *target* y si coincide con el de su marca.

Instituciones que colaboran: habrá marcas que no colaboren con ciertas instituciones dirigidas por tal o cual partido político, tienen que tener esta información

Repercusión en medios: si nuestra actividad saldrá o no en medios de comunicación. Esto *a priori* es difícil de saber, para eso está el dossier de prensa de proyectos anteriores para demostrar nuestra capacidad de convocatoria.

17.4. Los artistas participantes

Entendiendo a artistas en el amplio sentido: artistas plásticos, escritores, músicos, bailarines, etc.

Qué otros artistas van a participar

Cuál es la institución o instituciones a las que vamos a presentar el proyecto

Fechas de desarrollo de las actividades

La trayectoria de nuestra empresa

El caché que les podemos pagar

CAPÍTULO 18

Selección de la institución

Habitualmente desde que tenemos la primera idea del proyecto ya sabemos la institución en la que nos gustaría llevarlo a cabo, en algunas ocasiones sucede al contrario, visitamos una institución y a los pocos días se nos ocurre algún proyecto que encajaría a la perfección. No debemos limitarnos en este aspecto y tener una única institución de referencia para nuestro proyecto ya que si por cualquier motivo no están interesados no podemos desechar tan pronto nuestra idea.

Debemos elegir muy bien, con tiempo, el recorrido de nuestro proyecto, cuál será la primera institución a la que se lo presentaremos, la segunda, la tercera, la cuarta y hasta la quinta y si a la quinta tampoco, seguiremos con la lista. Eso sí, como veremos más adelante, no podéis enviar a más de una institución el proyecto a la vez, ya que si ambas dicen que sí estaremos quedando mal con una de ellas y quizás no nos vuelvan a tener en cuenta en futuras propuestas.

Tenemos que interiorizar que la institución no nos está haciendo ningún favor, ningún regalo, sino que nosotros le estamos aportando un valor añadido, que lo que estamos buscando es una colaboración de igual a igual, por ello nosotros debemos decidir donde desarrollaremos nuestras actividades.

Un buen ejercicio, aunque actualmente no tengamos ningún proyecto en mente, es realizar un mapa de instituciones culturales de la ciudad o el barrio en el que vivimos, apuntar todos los datos de contacto, y lo más importante, las actividades que han realizado en los últimos meses/años, es una buena fuente de inspiración para nuevas ideas y un buen lugar donde acudir cuando queramos presentar algún proyecto, ya tendremos este trabajo adelantado.

Tenemos que conocer muy bien a la institución, cual es su trayectoria, que actividades programan, que proyectos externos acogen... no os olvidéis que aunque sean unos pocos días u horas nuestra empresa asociará su imagen con la de la institución, pasaremos a formar parte de ese organismo y así lo percibirán nuestros destinatarios, debemos cuidar muy bien la selección de instituciones.

Es recomendable, lo veremos después, comenzar en la gestión cultural con instituciones pequeñas, que sean mucho más accesibles, quizás no nos den tanta visibilidad pero nos aportarán una gran experiencia y el trato será mucho más familiar.

CAPÍTULO 19

El contacto con la institución

Una vez que hemos elaborado nuestro proyecto, debemos elegir cuál va a ser la primera institución a la que deseamos enviarlo. Debemos conocer a quién va dirigido, es muy importante que conozcáis el nombre, apellidos, dirección postal y correo electrónico de la persona adecuada en recepcionarlo, unas veces será el director de la institución, otras el programador cultural de la misma. Lo aconsejable es que siempre se lo enviéis al director de la institución y al responsable de actividades, si existe este puesto, ya que si únicamente lo enviamos a éste último, corremos el peligro de que acabe en un cajón y nunca llegue al director.

¿Por qué puede ocurrir esto? Porque el coordinador/programador de actividades de la institución ve, en algunos casos, a un gestor cultural externo como una amenaza, de algún modo estamos suplantando su trabajo o estamos haciendo algo que piensa que se le tenía que haber ocurrido a él y directamente lo desecha, aunque no suele ser lo habitual. Si también mandamos una copia al director y a este le interesa la idea puede obligar a ese coordinador/programador a darnos una cita para que les contemos el proyecto.

Afortunadamente en la mayoría de las páginas webs de las instituciones aparece el nombre del director o de cualquier otro responsable, podemos hacer una llamada telefónica para que nos faciliten el correo electrónico de la persona que nos interesa. Si encontramos dificultades, una técnica bastante efectiva es, siempre que sea posible, acercarnos a la institución y preguntarle a cualquier persona que trabaje allí, desde el personal de sala, al de taquilla, al guadarropas... por el nombre del responsable de actividades o el director y si nos pueden facilitar su correo electrónico, por nuestra experiencia nos lo van a facilitar sin mayor problema, estamos pidiendo simplemente un *e-mail*.

Desde que comenzamos a elaborar el proyecto tenemos que tener muy claro que nuestro principal objetivo es conseguir una entrevista con el director o persona encargada, materializar nuestro proyecto es lo que le dota de sentido y en la mayoría de los casos tendremos que recurrir a instituciones/empresas/marcas para poder llevarlo a cabo, por ello debemos preparar estas citas de una manera casi milimétrica. [Hablo siempre de director de la institución para simplificar, evidentemente también puede ser directora, aunque desgraciadamente en esto de la gestión cultural no abunda la paridad en los altos cargos].

19.1. Perder el miedo a la institución

De nada sirve desarrollar una fantástica idea, haber tenido cada detalle en cuenta si finalmente las actividades nunca se ponen en marcha. La teoría sin acción en nuestra profesión no sirve de mucho, si deseamos vivir de la gestión cultural, casi tan importantes son las ideas como saber venderlas.

Lo primero que tenemos que quitarnos es el miedo a las instituciones, por mucho que llevemos años siguiendo la programación de tal o cual centro cultural, por mucho que admiremos el trabajo de su director y sus trabajadores y que nos infundan cierta inseguridad a la hora de presentarles un proyecto, solamente debemos fijarnos una premisa: tenemos que presentárselo y debe ser ¡ya!, hay otros gestores que se nos están adelantando.

A lo largo de estos años, después de encontrarme con decenas de alumnos que quieren comenzar en esta profesión, que ya tienen varios proyectos elaborados, me encuentro con los mismos pensamientos negativos que hay que vencer y desterrar, ya que no nos hacen avanzar, sino todo lo contrario, ponen trabas a la hora de dedicarnos a lo quizás más nos gusta.

La frase 'para qué lo voy a mandar si ya sé que no me harán caso y no me recibirán' la he oído en repetidas ocasiones. Evidentemente si nunca envías tu proyecto, sino te preocupas por la correcta recepción será difícil concertar una cita. Si realmente te preocupas e insistes en que te reciban lo acabarán haciendo, sino ¿cómo otros gestores realizan sus proyectos?. Efectivamente, a todos nos han recibido en algún momento, sino no existiría este oficio y no se llevarían a cabo muchísimas de las actividades culturales que ahora se celebran.

También tenemos que ser realistas, no podemos pensar que al primer envío a la primera institución nos van a recibir con las puertas abiertas y van a colaborar en todo lo que les pedimos. Aunque hay casos así y a todos los gestores nos han ocurrido, no suelen ser los habituales. Tendremos que recorrer un camino con subidas y bajadas, se abrirán periodos de negociación que en algunas ocasiones pueden ser muy largos, tendremos que acudir a varias instituciones o esperar hasta el último momento para cerrar un patrocinio, pero en ese camino habremos conocido a tanta gente y habremos aprendido tanto que aunque el proyecto no salga habrá merecido la pena.

Nunca debemos tener miedo a que rechacen nuestro proyecto, no nos tiene que asustar un 'no', algunas veces es mejor recibir una negativa que lanzarnos al proyecto sin que la institución esté plenamente convencida, después suelen surgir muchos inconvenientes.

Cuando una institución no quiera apoyar el proyecto que les presentamos nunca debemos pensar que nuestro proyecto no sirve, que hemos hecho algo mal, en principio únicamente puede ser que no se ajuste a esa institución o que no es el momento idóneo para llevarlo a cabo allí. Debemos tomar todas las entrevistas como una prueba, como un aprendizaje, escuchar al director de una institución opinar sobre nuestra idea en muchas ocasiones es todo un privilegio por la experiencia que puede aportarnos, debéis anotar absolutamente todas sus observaciones respecto a la idea que le hemos presentado, luego decidiremos si ponemos en práctica sus consejos, pero seguro que nos da alguna pista de por donde puede cojear y mejorarlo para la siguiente entrevista en caso de que este lo rechace.

Antes de la entrevista e incluso antes de enviar el proyecto nos pueden ahogar los miedos: miedo al rechazo del proyecto como hemos visto, miedo a no saber expresarnos, miedo a salir con el proyecto completamente cambiado, miedo a no saber qué responder...

Sobre todo cuando estamos empezando caemos en la creencia irracional de que el director de la institución es alguien ajeno a nuestro mundo, que está por encima de nosotros, que nosotros somos novatos y no nos escuchará... para enfrentarnos a la entrevista de una forma relajada debemos pensar que es alguien que seguramente empezó como nosotros, presentando proyectos a instituciones, le tenemos que ver como un colega, como alguien que está en nuestro mismo negocio y que no nos está haciendo ningún favor, sino que nuestro proyecto se merece la colaboración que le vamos a pedir.

Pensad en el director como un igual, es otro gestor como nosotros por mucho que le admiremos y sigamos sus proyectos, evidentemente reconoceremos sus méritos pero no nos debemos dejar apabullar por su figura. Desterrar aquello de "no me va a dedicar su tiempo". Seguramente te lo dedicará ya que se acordará que en algún momento también se los dedicaron a él y sino es así, ¿realmente quieres que tu proyecto esté en esa institución?. Hay muchas otras en las que sí te prestarán atención, con toda seguridad.

Una técnica infalible para vencer el miedo a nuestras instituciones de referencia o a las figuras con autoridad es exponerse una y otra vez al criterio de estos, presentar muchos proyectos, llamar por teléfono para pedir información, presentar proyectos de una forma continuada [siempre que los podamos llevar a cabo satisfactoriamente], dirigirte a ellos siempre que coincidáis en inauguraciones, presentaciones..., romper nuestro distanciamiento defensivo e introducirnos en su territorio, es la mejor forma de hacerles terrenales, accesibles. Hay que tomar estos encuentros como parte de nuestro trabajo.

El miedo a las figuras de autoridad nace de la creencia de que hay personas superiores que poseen más derechos que nosotros, adquiridos por su trayectoria en nuestro sector cultural. Debemos pensar fríamente que en la mayoría de los casos están pagados con dinero público y que en cierto modo están ahí para escuchar nuestras propuestas, para hacer crecer a su institución, debería formar parte de su sueldo, pero sabemos que a algunos se les olvida, a nosotros no se nos puede olvidar.

Hay otra razón poderosa para desterrar este miedo, y es que hagamos lo que hagamos no conseguiremos poner de acuerdo a todo el mundo, siempre nos criticarán. Tenemos que asumir que por muy elaborado y desarrollado que esté nuestro proyecto esto no nos asegura la aprobación del director, él tendrá su propia opinión y es eso, una opinión que no puede hacer que no volvamos a intentarlo con otra institución, podemos mejorarlo, ampliarlo, pero nunca desecharlo sino es nuestra propia decisión.

CAPÍTULO 20

La entrevista

La entrevista es la mejor, y a veces la única, ocasión para defender nuestro trabajo previo.

Pasos para obtener una entrevista [este es el recorrido que nosotros siempre hacemos y que compartimos con otros gestores con los que hemos trabajado, vosotros quizás desarrolléis el vuestro, pero este suele ser el habitual]:

- *Enviamos por correo postal el proyecto resumido.* En la época del correo electrónico, ¿por qué realizar el primer contacto por correo ordinario? Imaginaos que hemos trabajado en la imagen de ese proyecto durante un tiempo, lo enviamos por correo electrónico y la secretaria del director [generalmente lo canalizan ellas] no tiene tinta en la impresora, los colores saldrán trastocados y únicamente le pondrá una grapa, lo que llegará a la mesa del director distará mucho del documento que nosotros hemos elaborado.

- *Envío por correo electrónico.* A los cuatro o cinco días sino hemos recibido respuesta enviamos la misma documentación por correo electrónico, siempre en archivos PDF que son compatibles con cualquier sistema operativo y es mucho más difícil modificarlos. Debemos conocer bien el correo, nunca será info@nombredelainstitucion.com, hay que averiguar el del director o su secretaria.

- *Llamada telefónica.* Si no hemos recibido contestación al día siguiente o dos días realizamos una llamada para comprobar la recepción del proyecto. Os puede parecer una nimiedad, pero la relación con las secretarias es fundamental y siempre debe ser muy cordial ya que nos darán mucha información, sobre todo de cuando está presente o ausente el director, de si ya ha visto el proyecto...

- *Cita personal.*

No tengáis miedo a ser insistentes, a llamar varias veces hasta comprobar que vuestro proyecto ha llegado, no desistáis, ni tengáis miedo a resultar pesados, están acostumbrados a esto, evidentemente tendremos que saber medirnos para no resultar molestos, pero no pecar de quedarnos cortos, porque de ello depende que nuestro proyecto se realice.

20.1. Antes de la entrevista

Si ya tenemos una cita para entrevistarnos con el director, estaría bien que hiciéramos con nuestro equipo de trabajo una simulación de todo lo que nos puede pasar durante la entrevista, que alguno de vosotros adopte el rol de director y formule todas las preguntas que se le ocurran, estaría bien que este papel lo desempeñara alguien ajeno al equipo, alguien que no conozca el proyecto más que por lo que le contáis en esta simulación, dad respuesta a todas las cuestiones, es un buen termómetro para saber si conocéis vuestro proyecto o ver aquello que quizás no tuvisteis en cuenta y que parece una pregunta fundamental, si desarrollasteis todas los componentes del proyecto será difícil, pero siempre se escapa algún detalle. Habrá preguntas que ni por asomo os imagináis que os harán, los directores como todos tienen sus propias inquietudes y curiosidades.

Otro ejercicio recomendable es plantearnos cuál es el peor de los escenarios posibles, hacer todas las predicciones negativas que se nos ocurran y a continuación darle respuesta a todas, saber cómo vamos a reaccionar si rechazan nuestro proyecto, si nos quieren reducir drásticamente el presupuesto que les hemos presentado, si el director apenas nos concede cinco minutos, sino se había leído ni una frase del proyecto... siempre debemos anticiparnos para dar respuestas rápidas y convincentes.

Debemos tener muy clara cuál es nuestra meta, qué objetivos nos marcamos en la entrevista y cuáles son nuestros límites para no traspasarlos en la medida de lo posible. Saber hasta qué punto puedo negociar el presupuesto, qué cosas son irrenunciables para nuestro equipo, de lo contrario, el director, quizás más acostumbrado que nosotros a negociar nos llevará ventaja y saldremos de la reunión aceptando cosas que no deseábamos, tenemos que anticiparnos a lo que nos pueda plantear. Aún así todavía nos queda una opción, telefonearle y decirle que nos hemos replanteado lo hablado y queremos renegociar, pero no hacer nunca algo que no deseamos o que pensamos que no saldrá de una manera satisfactoria, recuerda que todo lo que realicemos formará parte de nuestro currículum.

Afrontar cada entrevista con el optimismo al cien por cien, es fácil caer en el mecanismo por el cual parto de un pensamiento anticipado de que no va a salir bien, al final hacemos todo lo posible para que este pensamiento se cumpla, nos mostramos torpes, dubitativos, adoptamos posturas rígidas y al salir del despacho donde ha tenido lugar la entrevista nos lamentamos de que todo nos sale mal. Por eso la mejor fórmula es confiar en el proyecto, tener un pensamiento positivo y ver qué ocurre [llevándolo todo muy preparado], es la única manera de no tirar nuestro trabajo por la borda.

Debemos establecer un punto intermedio entre el pensamiento de que todo depende de nosotros y de que todo depende del director de la institución. Muchísimos aspectos dependerán de nuestro equipo, de nuestro trabajo y otros dependerán de las decisiones del director o del presupuesto de la institución por ejemplo, pero nunca culpabilizarnos ni culpabilizar al director. Es muy fácil recurrir a aquello de "no saben apreciar nuestra idea" o "no tienen ni idea", lamentablemente puede ser así pero este tipo de análisis no nos llevan a ningún sitio es mejor perseverar y buscar una nueva institución.

20.2. Durante la entrevista

En la medida de lo posible, no vayáis nunca en solitario a la entrevista, ni tampoco os presentéis todo el equipo, lo aconsejable es que acudan dos personas, si el proyecto lo has desarrollado en solitario cuenta con un amigo u otro gestor para que te acompañe y explícale lo que le vas a contar al director de la institución. Acude siempre acompañado ya que el director rara vez acude solo y así no estarás en desventaja. Cuidado, si es alguien que no conoce en profundidad el proyecto aconséjale que refuerce tus opiniones pero que no se involucre mucho más, hay que dar la imagen de que está todo bajo control.

Un término que debemos conocer siempre que nos enfrentemos a cualquier entrevista, en nuestro caso también, es el de la asertividad que no es otra cosa que defender lo que pensamos sin agredir a nuestro interlocutor. Debemos ser firmes en nuestros planteamientos pero sin resultar agresivos y siempre que lo creamos oportuno abrirnos a la negociación, quizás no consigamos convencer al director pero saldremos satisfechos del encuentro. Expresar en qué no estamos de acuerdo de una manera contundente pero no vehemente.

Quizás sea una evidencia pero debemos participar activamente durante la entrevista, nosotros debemos llevar al batuta, administrar los tiempos, decir todo lo que teníamos pensado contar. En muchas ocasiones ocurre que el director [más el personal que le acompaña] monopolizan la conversación, nos llevan a su terreno, al final se agota el tiempo y nos queda la sensación que no hemos expuesto todos los puntos que nos parecían importantes. Como ya hemos repetido, el proyecto es nuestro y debemos capitanear la reunión, somos los que más tenemos que contar, eso sí, dejando pie al debate, a las preguntas...

Debemos propiciar un ambiente tranquilo, sosegado, no queramos soltar todo de golpe, de carrerilla sino que lo más aconsejable es establecer una conversación profesional pero distendida, en muchas ocasiones el director de la institución únicamente ha hojeado el proyecto que le mandamos y prefiere que se lo contemos en persona, debemos ser empáticos, también tener en cuenta que muchos de estos profesionales tienen largas jornadas de trabajo, están recibiendo gente constantemente y en algunos casos aprovechan horas de descanso como el desayuno, la comida... para citarnos, lejos de perjudicarnos creo que estas circunstancias nos ayudan.

Uno de los peligros, donde tendremos que practicar la asertividad con más contundencia es cuando la institución trata de utilizar nuestro proyecto como un instrumento para fines que no son los propios de nuestro trabajo, de nuestro esfuerzo. El más habitual suele ser la politización, que aprovechando tal o cual circunstancia decidan seleccionar nuestro proyecto únicamente por conseguir una fotografía en la prensa local o para invitar a tal o cual político, que nos conviertan en una herramienta casi del partido de turno. Esto es más habitual de lo deseable. Evidentemente de nosotros depende que lo queramos hacer, eso sí, tenemos que tener muy claro que si nos significamos con una determinada formación política los del resto de partidos, que quizás también ostenten el control en otras institución, nos miren con recelo y no deseen trabajar con nuestra empresa de gestión, ya digo que eso depende de cada gestor.

Debemos mostrarnos seguros, muy seguros de lo que estamos presentando. ¿Cómo adquirimos esta seguridad? Simplemente desarrollando todos los apartados del proyecto, es la mejor forma de saber qué es exactamente lo que deseamos de la institución. Podremos responder a todas las preguntas que nos formulen, no dudaremos en ninguna cuestión. La seguridad es percibida de inmediato por nuestro interlocutor y resulta la mejor forma de venderles nuestra idea.

Algunos trucos para la entrevista, para que perciban esta seguridad, además, de cómo he indicado, conociendo perfectamente el contenido del proyecto:

- *Mirar a los ojos.* Sostener la mirada, se establece una mejor conexión, pero sin llegar a ser intimidatorios.

- *El volumen de voz.* Debe ser audible, muy bajo da muestra de inseguridad y muy alto de agresividad

- *Entonación de la voz.* Nos hace cercanos, simpáticos, empáticos... Un tono monótono produce aburrimiento.

- *Fluidez verbal.* Espontaneidad y seguridad. Tiempos largos de respuesta lastran la conversación, no dar rodeos, disculpas reiterativas, no insinuar sino afirmar.

- *La postura.* El sumiso suele tener cabeza más baja que el interlocutor y el cuerpo más inclinado, no quiere molestar.

- *Los gestos.* Aunque la cara concentra la mayoría de estar es aconsejable no estar rígido sino acompañarnos de las manos por ejemplo, sin hacer aspavientos

- *El contenido verbal del mensaje.* Es la transcripción en palabras de la meta que deseamos alcanzar. Claro, explícito y directo. Es el único elemento no negociable, no puedo fallar... no se puede cambiar el contenido.

Algunos gestores, auténticos expertos a la hora de colocar sus proyectos, utilizan una técnica muy extendida en otros ámbitos de negociación: *el poli bueno, el poli malo.* No es otra cosa que uno de nosotros sea algo más rígido con lo que nos dice el director de la institución [poli malo] y el otro se muestre complaciente, haciendo pequeños guiños a lo que nos plantea el director [poli bueno], así lograremos llegar a un punto intermedio, el que nosotros nos hemos marcado antes de la reunión, cuidado con que el poli bueno se exceda y acabe perjudicando nuestro intereses.

La humildad es muy importante, no ir con aires de grandeza, de estar por encima, ni menospreciar a quien no le interese nuestra idea, deberemos pedir explicaciones de cuáles son los motivos por los que no encaja nuestro proyecto en esa institución o por qué el patrocinador no quiere asociar su imagen a la nuestra, pero no presuponer que la razón está de nuestra parte y que ellos son los que se equivocan, autocrítica siempre, y la prueba de que quizás no lo hemos hecho bien del todo es que nuestro proyecto no se programará en esa institución.

Si nos llaman desde la dirección de la institución para una entrevista, no tenemos que pensar que es un *sí*. Cuando comenzamos en este oficio pensamos que si nos han dado una cita para hablar con el director o con el responsable de actividades es que se habrán leído el proyecto, que les interesa, que querrán comentar ciertos aspectos pero que tenemos un sí, de lo contrario nos hubieran escrito un correo electrónico diciéndonos que no les interesa. Esto sería lo deseable, no siempre es así. Como hemos comentado, algunas veces llegarás al despacho del responsable y conocerá el proyecto a la perfección, pero otras ni siquiera lo habrá abierto y nos cita para que se lo contemos en directo tomando la decisión sobre la marcha, esto no debe frustrarnos, simplemente debemos contar con esta posibilidad.

Dos errores fundamentales que no debemos cometer:

- *Cambiar la finalidad de vuestro proyecto en la primera entrevista.* En algunas ocasiones, sobre todo por intereses políticos, el director quiere sacar partida de vuestro proyecto, querrá que realcemos ciertos aspectos en su beneficio, debemos mantenernos firmes. La finalidad que hemos fijado desde el principio es la que queremos que guíe todo nuestro proyecto y no la debemos cambiar con tanta facilidad, podemos meditarlo, darle vueltas pero no dejarnos convencer tan rápido.

- *Variar en exceso el presupuesto.* Si somos profesionales hemos realizado convenientemente este apartado, por lo tanto se pueden hacer ajustes pero no demasiados y no en el momento de la entrevista. Una técnica para no cambiarlo en ese momento, ya que merma nuestra imagen profesional, es decir que lo tenemos que comentar con nuestros socios, aunque no los tengamos, y al día siguiente dar una respuesta. Pero nunca variarlo según vaya avanzando la entrevista, hay que tomar decisiones más reposadas.

20.3. ¿Qué soportes podemos utilizar durante la entrevista?

Deberemos llevar siempre como mínimo un par de copias en papel del proyecto del que vamos a debatir, por si el director no lo trae a la reunión, debemos dejarle siempre información para que después la pueda consultar.

Una herramienta que está muy de moda, son las *tablets.* La gran ventaja es que además del proyecto, podemos incluir enlaces a diferentes páginas webs, mostrar un gran número de fotografías, esquemas... navegar por Internet. Pero recordad siempre dejarle información en algún soporte físico.

Poco recomendable es hacer una exposición con proyector, diapositivas... ya que generalmente estas se alargan en el tiempo, podemos sufrir un problema técnico que nos arruine la presentación, hay que prever que la institución tenga disponible un proyector, etc. Quizás sea buena idea si conseguimos que el director se acerque a nuestra oficina, en ese caso no es una mala opción ya que tendremos el tiempo suficiente para tener todo listo antes de la cita.

20.4. Temas recurrentes durante la entrevista:

* *Presupuesto, presupuesto, presupuesto.* Una vez que desarrolles la idea principal del proyecto, el siguiente tema que saldrá de forma natural es el económico. Es un tema crucial en el que nos detendremos bastante tiempo, la institución normalmente tratará de recortarlo. Lo mejor para eso es presentar, como hemos visto, un presupuesto ajustado, detallado al máximo, que el director en ningún momento piense que le estamos engañando, somos unos profesionales y eso es inviable.

* *Imposición del personal de la institución.* Cuando presentemos el presupuesto y la composición de nuestro equipo, en algunas ocasiones tratarán de convencernos para que prescindamos de alguno/s de ellos y contemos con el personal de la institución. Si hemos conformado un equipo es porque pensamos que ese es el equipo perfecto para desarrollar el proyecto, por tanto es algo casi innegociable, en gran medida porque parte o la totalidad de ese equipo llevarán tiempo trabajando en el proyecto y no les podemos dejar en el camino ahora, la institución lo tiene que comprender. Sí que nos podemos servir de cierto personal como el de recepción, seguridad o limpieza...

- *Tratarán de imponernos a sus proveedores.* En muchos casos las instituciones tienen convenios con diferentes empresas con las que trabajan habitualmente que les proporcionan interesantes descuentos, tendremos que sopesar si nos conviene, si eso abarata el proyecto y ese dinero ahorrado lo podemos dedicar a otra partida, simplemente que nos proporcionen toda la información y nosotros decidimos sin olvidarnos que nuestros proveedores son de los mejores aliados que tenemos.

Al finalizar la entrevista aunque no les interese nuestro proyecto e incluso si nos han hecho viajar kilómetros y el director ni se había leído el proyecto con anterioridad debemos agradecer el tiempo y la atención prestada por parte de la institución, este proyecto no saldrá adelante con ellos, pero quizás dentro de poco tiempo les queramos presentar otro y debemos dejar una buena imagen, no mostrarnos sumisos pero sí agradecidos.

20.5. Después la entrevista

Debemos salir de la reunión con todos los datos de la persona que hará el seguimiento de nuestro proyecto desde la institución. En muchas ocasiones pensamos que quienes asisten a la entrevista serán los responsables pero no siempre es así, quizás nos reciba el director, pero será el técnico de actividades o su ayudante nuestro interlocutor *a posteori*, tan simple como preguntarlo, de lo contrario podemos enviar correos electrónicos, realizar llamadas y, en definitiva, perder el tiempo sino tenemos esta información.

El equipo de trabajo tendrá que fijar un plazo máximo de tiempo para obtener una respuesta, afirmativa o negativa, por parte de la institución después de la primera cita. Es muy importante fijar esta fecha, ya que hasta que no obtengamos una respuesta en firme no nos podemos poner a trabajar, además hasta que no tengamos una respuesta negativa no podremos presentar ese proyecto a otro organismo, como ya hemos comentado, si enviamos nuestra propuesta a cinco instituciones a la vez y tres nos dicen que sí, estaremos quedando mal y en muchos casos cerrándonos las puertas de las dos instituciones que hemos rechazado.

20.6. Prepararnos para el 'no' de la institución

Después de la entrevista tenemos las dos opciones: si es un sí y aceptamos las condiciones, nos tenemos que poner a producir el proyecto tal y como lo teníamos ideado y si es un no pasar a la conquista de la siguiente institución, nunca desistir en el empeño, coger fuerzas y empezar de nuevo el proceso de presentación.

Una técnica particular que siempre utilizamos es realizar una pequeña celebración hayamos obtenido un sí o un no, ya que lo que estamos festejando es el trabajo realizado, además ayuda a seguir con ánimo al equipo y a pensar en lo siguiente. Sería aconsejable que el coordinador principal del proyecto tuviera un discurso elaborado para transmitir al equipo o a uno mismo si rechazan nuestro proyecto, por supuesto, siempre en positivo, pero sin omitir las críticas.

Nunca debemos tomar la negativa del responsable de la institución como una prueba de nuestra valía como profesionales, lo que están juzgando es el proyecto, puede que hayamos cometido errores, como haber elegido mal la institución, pero eso no significa que seamos malos gestores, todos tenemos trabajos de los que nos sentirnos más o menos orgullosos.

Este es el momento de mostrar nuestra humildad, no tenemos que tratar de quedar por encima del director por rabia, no utilizar frases del tipo "este no tiene ni idea, nuestro proyecto es magnífico", "no sabe lo que se pierde"... no nos aportan demasiado es mejor gastar esa energía en mejorar los puntos débiles de nuestro proyecto.

Al salir de una reunión, no fijarse únicamente en lo negativo, debemos buscar también qué resaltó el director de la institución como aspectos positivos.

CAPÍTULO 21

El contrato con la institución

Si obtenéis una respuesta afirmativa por parte de la institución, lo primero que deberíamos hacer es firmar un contrato de colaboración entre el gestor y la institución.

En el desarrollo de la profesión os encontraréis con que muchos de los asuntos tratados con la institución se hacen de una forma verbal, que no siempre se firma un contrato por escrito de lo pactado. Si queremos dotar a la gestión cultural de profesionalidad tenemos que exigir que todo lo hablado se plasme por escrito. Cada vez es más habitual.

Los riesgos de no firmar este documento es que la institución decida, cuando ya tenemos avanzado el proyecto o en el último momento, que no nos cede el espacio o que la cantidad económica con la cual nos apoyaba tiene que ser menor o desaparece. Es cierto que esto no suele ocurrir, pero es mejor no arriesgar.

El contrato debe contener como mínimo:

- Identificación de ambas partes, institución y gestor cultural

- Motivo del contrato: desarrollar nuestro proyecto, actividades

- Fechas y espacios a utilizar

- Cuál será la comunicación del proyecto

- Honorarios y forma de pago

- Firma de ambas partes

Si vemos que la institución tarda en presentarnos el contrato, seremos nosotros quiénes lo redactemos y lo presentemos insistentemente hasta conseguir la firma de la institución.

CAPÍTULO 22

La difusión del proyecto

Las tareas de comunicación deben destinarse a transmitir la existencia y el contenido del proyecto a nuestros destinatarios y atraer a la visita y participación en las actividades que contiene. De nada sirve tener un proyecto muy elaborado, atractivo, al que le hemos dedicado tiempo, esfuerzo, recursos económicos si después no acuden los visitantes esperados.

Os preguntaréis que si hemos conseguido vender nuestro proyecto a una institución y desarrollaremos las actividades en su espacio, ¿por qué no hace únicamente la institución la difusión?

En la mayoría de las ocasiones la institución también hace difusión, así se lo debemos exigir como parte de la colaboración, pero no os aconsejo que os quedéis únicamente con su difusión porque:

- *No conocemos realmente en que consiste su difusión.* Cuáles son los medios que emplea, el volumen de la misma, a cuántos potenciales visitantes son capaces de llegar, etc.

- *Nuestro proyecto no es el único que difunden.* La institución celebrará en fechas iguales a las nuestras o próximas, otras actividades, con lo cual tienen que repartir su trabajo entre varias actividades, siempre darán prioridad a las actividades propias, aquellas que ellos han desarrollado.

Sino acuden los visitantes esperados porque nos hemos fiado de la difusión de la institución la responsabilidad será nuestra. La institución nos pedirá cuentas y quedará en el expediente de nuestra trayectoria como gestores culturales, será difícil vender otro proyecto a esta entidad.

Uno de nuestros primeros proyectos, fueron unas jornadas sobre arte y tecnología que incluían una exposición, lo conseguimos desarrollar en una importante institución cultural, con una larga trayectoria, confiamos en su difusión, pensamos que al ser una institución potente harían un buen trabajo. Las jornadas, aunque interesantes, fueron un fracaso de asistentes, preguntamos por la difusión y únicamente lo que hacían era un envío postal a 500 personas (siempre las mismas) y lo colgaban en su página web, estaba claro que no era un trabajo suficiente de difusión y comprendimos que esas 500 personas no eran los destinatarios del proyecto, el error fue nuestro.

22.1. La importancia de la imagen/marca

La imagen gráfica en gestión cultural resulta fundamental y en muchos casos decisiva, los comisarios, además del contenido de la exposición, lo que vendemos es imagen tanto a las instituciones como a los patrocinadores.

Tenemos que tener muy clara la imagen que deseamos proyectar ya que de ello dependerán muchos de los trabajos que consigamos, quizás las instituciones no se fijan tanto en este aspecto, aunque cada vez lo hacen más, pero los patrocinadores jamás lo pasan por alto, ninguna marca se asociará a nuestro proyecto sino le parece atractiva la imagen el proyecto o si ésta no encaja con su empresa. Para esto uno de los miembros fundamentales de nuestro equipo debería ser un diseñador gráfico, y sino forma parte del equipo por lo menos tener a alguien de confianza que va a entender perfectamente lo que deseamos en cada momento y que lo va a tener a tiempo, estableceremos una relación muy estrecha con este profesional.

Imagen e institución [problemas habituales]:

- *Guerra de los logotipos.* Esto es muy importante para la institución, quieren que su logotipo siempre aparezca y esté en el lugar adecuado. Es imprescindible saber el orden y número de logotipos ya que si la impresión por ejemplo de carteles corre de nuestra cuenta nos pueden hacer repetirlos por la ausencia de un logotipo con la pérdida económica que supondría.

  La técnica habitual para librarnos de este problema es que nosotros realicemos la colocación de los logotipos como pensamos que irían [se puede hacer en *Word*] enviárselo por correo electrónico a la institución y obligarles a que nos den el visto bueno antes de enviarlo todo a imprenta.

- *Relación gestor / diseñador gráfico de la institución.* En algunas ocasiones el director de la institución casi nos obliga a que el diseñador gráfico del proyecto sea el que trabaja con ellos, tenemos que conseguir que sea nuestro diseñador habitual el que haga este trabajo ya que dependemos en gran medida de nuestra imagen.

Si no queda otro remedio y a riesgo de ser pesados, tenemos que pedir al diseñador de la institución que nos envíe una prueba de cada cosa que realice [carteles, folletos...] y nunca enviar nada a imprenta sin antes consultarnos. Recordad que en todo momento somos las/os directoras/es del proyecto.

22.2. El plan de medios

El plan de medios consiste en la búsqueda de plataformas de difusión para nuestro proyecto: prensa escrita, televisión, radio, medios digitales...

Su principal objetivo es llegar a los posibles destinatarios de nuestro proyectos y para ello es necesario conseguir aparecer en aquellos medios que hemos seleccionado y que pueden servir de puente para llegar a ese público. Es muy importante realizar una buena selección de medios, no sirve aquello de "a cuantos más medios se lo envíe mejor", porque nos supondrá un gran esfuerzo, en muchos casos una pérdida de tiempo porque llegará nuestra información a medios que no les interesa, no tendremos la capacidad de personalizar cada información que enviemos porque no tendríamos el tiempo suficiente... Es mucho más interesante tener unos pocos medios pero saber que nos van a publicar, que les dedicaremos el tiempo suficiente, que responderemos a sus dudas, a sus peticiones... que vernos desbordados y apareciendo en medios que no son de interés para nuestro proyecto.

Para hacer un buen plan de medios tenemos que tener en cuenta:

- *Los objetivos que nos planteamos.* En qué medios queremos aparecer, si vamos a contratar publicidad en alguno de ellos, a qué público nos interesa llegar...

- *Seleccionar los soportes*: prensa escrita, radio, televisión... y dentro de estos qué periódico, qué programa, qué blogs, etc.

- *El presupuesto para el plan de medios.* Consignarlo en la partida presupuestaria de 'comunicación', lo que más encarecerá esta partida es la contratación de anuncios.

- *Evaluación de la efectividad de nuestro plan de medios.* Tendremos que analizar nuestra apariciones en estos medios, de los envíos y contactos realizados cuántos han sido efectivos.

Muchos gestores utilizan una ficha similar a la siguiente para la realización y seguimiento de este plan de medios:

FICHA PLAN DE MEDIOS

Nombre del medio/Periodista de contacto
Nombre del medio
Nombre del periodista / Teléfono de contacto / Correo electrónico

Actividad/es a difundir
Nombre de la/s actividad/es
Si le vamos a informar del proyecto completo
Si le vamos a informar de una actividad concreta de interés para su medio

---

Fecha del envío de información

Fecha de dicho envío

Si también le hemos enviado el dossier de prensa indicar fecha

Si hay un reenvío anotar dicha fecha

Obtención de respuesta

Si hemos obtenido una respuesta anotar la fecha y cuál era el contenido de esa respuesta

---

Aparición en el medio

Si finalmente el proyecto ha aparecido en el medio de comunicación, anotar fecha y página [en el caso de prensa escrita]

22.3. Canales de difusión

- *Mailing.* Consiste en enviar correos electrónicos a las personas que forman parte de nuestra base de datos. No hay que abusar de este recurso que puede ser considerado como correo basura o *spam*.

- *Difusión postal.* Imprimir, generalmente una postal y enviarla por correo ordinario. Cada vez esta técnica es menos empleada por sus altos costes. Ha quedado reservada a las inauguraciones de exposiciones en museos, estrenos de teatro, cine...

- *Página web.* La institución suele colgar la información de nuestras actividades en su propia página, pero la mejor fórmula es que además de aparecer en la página de la institución, es que nosotros realicemos una página específica para nuestro proyecto así controlamos la imagen y aumenta la difusión al contar con varias plataformas. La dirección web debería ser igual o similar que el título de nuestro proyecto. Es cierto que esto se reserva a proyecto de mayor envergadura, o de una periodicidad concreta.

- *Redes sociales* [Facebook, Twitter, Tuenti...]. Actualmente es imprescindible manejar estas herramientas, la difusión se multiplica, podemos utilizar diferentes recursos desde textos a fotografía a vídeos.

- *Anuncios en prensa*

- *Cartelería*

- *Folletos, generalmente conocidos como flyers.*

- *Photocall*: es un panel que se sitúa en el espacio in situ donde se desarrollan las actividades con el logotipo del proyecto, de las instituciones y patrocinadores.

Aspectos a destacar:

- *Saber manejar los tiempos de difusión* [cuándo es mejor realizarla]. Dependerá de la actividad. Una exposición en una galería con una semana o diez días es suficiente; un comisariado que incluirá a un artista de repercusión internacional se puede comenzar a difundir con meses de antelación...

- *Emplazamientos idóneos.* Si contratamos un anuncio en prensa debemos decidir dónde irá ese anuncio y negociar que además aparezca una noticia, reseña de nuestras actividades en el medio de comunicación

- *Tener previstos mecanismos de control: clipping.* Saber de todo lo enviado qué ha tenido repercusión en medios y almacenar toda esta información en un documento que se conoce como *clipping*, todas las apariciones en medios de comunicación de nuestras actividades, desde recortes de prensa a apariciones en televisión, Internet... Es un término que tenemos que recordar, generalmente los patrocinadores al finalizar las actividades nos solicitarán este documento para constatar si la capacidad de convocatoria que tenemos es la que le contamos y será fundamental para futuros patrocinios.

CAPÍTULO 23

Herramientas clásicas de comunicación

23.1. La nota de prensa

Esta herramienta la utilizamos para presentar a los periodistas nuestro proyecto, es un resumen del mismo, una carta de presentación, no vería ir más allá de una o dos páginas, debemos ser breves.

Los apartados que debe contener una nota de prensa tipo:

- *Encabezado.* Debemos insertar todos los logotipos [institución, patrocinadores, el nuestro]. En los datos de contacto debemos poner los nuestros ya que si un periodista llama a la institución no sabemos quién responderá al teléfono y si sabrá defender nuestro proyecto.

- *Título del proyecto/actividad, fecha de celebración y lugar* [la institución]

- *Resumen de la actividad.* Los datos más destacados del proyecto, lo más novedoso, lo que creamos que puede interesar a los medios

- *Contexto.* Hablaremos de la institución, así nos lo exigirá la dirección de la misma, algo así como que tal institución apuesta por este sector cultural desde sus inicios, etc.

- *Agradecimiento* y ponernos a su disposición para facilitarles el trabajo

MODELO DE NOTA DE PRENSA

Encabezado
Logotipo/s de la institución y de nuestra empresa
Datos de contacto

Título del proyecto/actividad
Subtítulo [no siempre es necesario]
Fecha, hora y lugar de celebración

Resumen del contenido del proyecto
2 ó 3 párrafos

Implicación de la institución
Reseñar el apoyo de la institución al sector cultural, por qué se celebra allí

Agradecimiento

Ponerse a disposición del medio para entrevistas, fotografías en alta calidad... facilitarles el trabajo

23.2. Dossier de prensa

Es un documento que debe contener como mínimo:

- La nota de prensa que acabamos de comentar

- Resumen del contenido del proyecto [un par de páginas]

- Imágenes de las piezas más destacadas

- Nuestros datos de contacto, aunque ya aparezcan en la nota de prensa. Nos tienen que localizar de manera rápida.

Nos servirá para enviar a los medios de comunicación a través del correo electrónico [siempre en archivo PDF] o bien para entregárselo a los periodistas que acudan a la rueda de prensa.

Características de este documento:

- Muy visual. Incluir fotografías, elementos de diseño gráfico.

- Fácil lectura. Compresible por todos.

- Fácil manejo. Los periodistas acuden a varias ruedas de prensa a lo largo, generalmente, de la mañana y deben llevar con ellos varios dossieres, les debemos facilitar el transporte de los mismos. Lo más recomendable tamaño A-4 [folio].

23.3. Rueda de prensa

Consiste en la explicación de nuestro proyecto ante los periodistas, fotógrafos, cámaras de televisión... generalmente en el mismo lugar donde se desarrollarán las actividades.

Enviar la convocatoria con pocos días de antelación ya que los periodistas tienen repletas sus agendas y no pueden programar con mucho tiempo de antelación, no antes de una semana [dependerá del tipo de proyecto], y generalmente se celebra o el día antes del comienzo de las actividades o si las actividades comienzan por la tarde la rueda de prensa tiene lugar la mañana de ese mismo día.

En la mesa que preside la rueda de prensa como mínimo deberán estar:

- El director de la institución, también el técnico cultural/comisario de la institución, en el caso en que este puesto exista.

- Un representante de los patrocinadores [puede ser uno por cada marca]

- Un representante de la empresa organizadora [en este caso nosotros].

Tenemos que tener muy claro si todos los que se sientan en esta mesa desean hablar, no siempre es así, no demos paso a alguien que no quiere decir nada.

Si tenemos dudas sobre la ubicación en la mesa, tan sencillo como preguntarle a alguien de la institución ellos están acostumbrados a realizar este tipo de encuentros en su espacio. No estaría mal realizar un curso de protocolo cultural.

Durante la rueda de prensa entregaremos a todos los asistentes el dossier, y suele haber un pequeño aperitivo que bien organiza la institución u organizamos nosotros.

23.4. Merchandising

Una herramienta heredada de los eventos de marca y utilizada en cultura en los últimos tiempos es el *merchandising*, otra forma de comunicación. Desde postales del proyecto, libros que traten un tema similar al contenido del mismo, marcapáginas, bolsas de tela… Pueden ser una fuente más de ingresos, es cierto que suele ser más efectivo en sectores culturales como la música, pero cualquier ingreso para nuestro proyecto siempre nos vendrá bien.

23.5. Relación con los periodistas

Deberíamos conocer el nombre, correo electrónico y teléfono de los periodistas de cultura de nuestro ámbito de actuación, esto no siempre es fácil sobre todo en grandes ciudades ya que para que no colapsemos su buzón de correo no nos suelen facilitar sus datos si llamamos a la centralita del periódico, radio, televisión. Con el tiempo les iremos conociendo a todos en diferentes actos culturales.

También podemos pedir ayuda a la institución, ellos tendrán un listado de medios de la ciudad o de los periodistas especializados en el sector cultural, solicitadles ese documento, puede que pongan trabas a daros ese información, pero insistid.

Es habitual en cultura, generalmente en proyectos que van a tener continuidad, invitar a periodistas a comidas, cenas... más o menos informales para que nos conozcan y generalmente publicarán aquellas actividades que les enviemos, al ser un ambiente mucho más distendido tendríamos que tener precaución con nuestras declaraciones.

Los medios de comunicación nos van a solicitar imágenes en alta calidad [de nuestras actividades, de artistas participantes, de ediciones anteriores de una actividad...] y entrevistas con los protagonistas de esas actividades [un escritor, un grupo de música, una compañía teatral...].

CAPÍTULO 24

Nuevas herramientas de comunicación

Es una evidencia, que como en la mayoría de los sectores, también Internet ha influido decisivamente en el ámbito cultural sobre todo a la hora de: facilitar el contacto con las instituciones, obtener información para nuestros proyectos, conocer mejor y llegar a nuestro destinatarios facilitando la interacción, un gran ahorro económico, etc.

24.1. El correo electrónico

Es lo que se conoce en e-marketing, como acciones "one to one", nos permite un contacto 365 días, 24 horas... para que sea realmente efectivo debemos conocer a quién enviamos ese mail, no físicamente, sino a qué se dedica, dónde reside, a quién puede reenviar la información, de este modo podremos personalizar lo que le enviamos y será más probable la interacción con nosotros y su disponibilidad para colaborar en la difusión. Es más efectivo enviar un correo al director de una asociación de gestores culturales, dirigirnos por su nombre y apellidos, citar algo que nos haya gustado de su labor como director... enviar un gran número de mails a personas de las que no conocemos ni sus datos más básicos no implica una mayor interacción, sino lo contrario, será más complicado obtener una respuesta.

Como normas muy generales: deberíamos atender constantemente nuestro correo electrónico, dar una respuesta rápida, clara y precisa, los mails excesivamente largos no se leen. Según los expertos en e-marketing el punto fundamental es no tratar a ese interlocutor como uno más dentro de la masa, para ello es fundamental un envío y respuestas personalizadas, no un simple *copia y pega*.

24.2. Redes sociales

En España, según un informe de *IAB Spain* sobre el uso de redes sociales, durante el 2014 un 73% de la población consulta varias veces a lo largo de la jornada redes sociales, una media de dos horas al día, siendo las más populares Facebook (98%), Youtube (85%) y Twitter (78%). Con estos datos sería un gravísimo error dejar de lado estas herramientas a la hora de difundir nuestro proyecto.

Creo que todos conocemos las redes sociales con mayor difusión [Facebook, Twitter, Instagran, Linkedin...] y cuáles son sus utilidades básicas, aplicadas a las industrias culturales, los expertos indican que su uso se centra en [por orden de importancia]:

- La difusión/promoción de actividades culturales

- La difusión/promoción de la marca de la empresa de gestión cultural o institución

- Obtener información de los posibles destinatarios

- Evaluación de las proyectos a través del feedback de los asistentes

- Crear comunidad

- Difundir información sobre una determinada temática

- Conocimiento de agentes del sector

Cuando estamos empezando nos resulta especialmente interesante el último punto, ya que nos podremos ponernos en contacto de una forma más o menos informal con directores, comisarios, críticos... además os aconsejo que lo hagáis, de entrada no tratéis de venderles vuestro proyecto, pero sí felicitarles por su trabajo, por la nueva exposición, por las actividades de su exposición, por un texto que hayáis leído de él/ella, etc. No se trata de hacer la pelota, sino de mantener un contacto amable, de haceros visibles, en definitiva una nueva forma de establecer contactos.

Facebook

Supongo que ya conocéis el funcionamiento de Facebook, se trata de una comunidad virtual basada en la aceptación de ambas partes, es decir, para que seamos amigos tienes que aceptar mi solicitud de amistad. En esta plataforma existen diversas formas de presentarse:

- Perfiles personales

- Páginas para promocionar productos, servicios...

- Grupos, se crean entre usuarios que tienen un interés común, comparten una afición, cursan una materia juntos...

Algunos de los consejos generales para los profesionales de la cultura en esta red social son:

- *Presentar un contenido variado*: noticias sobre tu sector cultural, opiniones sobre acontecimiento de actualidad cultural, puedes emitir juicios/opiniones siempre de manera prudente... No se recomienda únicamente colgar lo que deseas "vender" una y otra vez, sino aportar algo más de contenido sobre otras materias para crear esa comunidad, que la gente esté pendiente de lo próximo que subirás.

- *Piensa en lo que te gustaría ver a ti en un perfil similar* al tuyo o al de tu empresa, no satures con demasiadas actualizaciones sino aportan nada nuevo.

- *Interactúa con tu comunidad.* Si pregunta por tu proyecto contesta lo más rápidamente posible, no elimines publicaciones de terceros salvo que sean ofensivas, comenta sus publicaciones.

- *Introduce aquello que quieras 'vender' de forma sutil*, muchos miembros de la comunidad que has creado la abandonarán si sienten que constantemente tratas de venderle algo.

Dos herramientas que tenemos que tener en cuenta y que nos ayudarán en nuestro trabajo son:

- *Los eventos.* Consiste en crear una alerta/una cita/una invitación a una actividad, en nuestro caso es útil para promocionar la inauguración de nuestra exposición, dicho evento debe contener el título del proyecto, el día de inauguración y las fechas de la exposición, el lugar donde se celebrará, elige una imagen atractiva para el mismo e interactúa con los invitados. Más información en: https://www.facebook.com/help/131325477007622/

- *Los anuncios.* Quizás el recurso más interesante para nosotros, se trata de publicitar nuestra proyecto a un público que nosotros hemos seleccionado previamente a través de una serie de variables. La gran ventaja que nos proporciona precisamente es la segmentación del público, de los destinatarios, podemos seleccionar la ciudad donde residen los mismos, su edad y lo que es más importante sus intereses [arte, arte contemporáneo, tal artista, tal institución, historia del arte, bellas artes, etc. etc.]. Para que os hagáis una idea, en una de nuestras exposiciones con un presupuesto de 25 euros, llegamos a 12.758 usuarios de los cuáles 858 hicieron click en el enlace de nuestra página y aumentamos en 369 los seguidores de nuestra página de Facebook, es una buena inversión. Más información en:

https://www.facebook.com/help/458369380926902/

Twitter

Es una red social de microblogging, su característica más reseñable es que únicamente nos podemos comunicar con el resto a través de *tweet*s que pueden contener un máximo de 140 caracteres. Es mucho más difícil crear comunidad que en Facebook y el aumento de seguidores se hace más complicado.

Al igual que hemos comentado antes, no te limites a hacer publicidad de tu trabajo, aporta contenido, comenta temas de actualidad, comparte lo que hacen los demás, apoya a compañeros para que ellos te apoyen a ti difundiendo sus actividades, trata de buscar un estilo personal en esos 140 caracteres, evita un lenguaje muy comercial, se valora lo cercano, lo emocional, etc.

Twitter también contempla un servicio de anuncios, por nuestra experiencia la inversión para obtener una buena respuesta es muchísimo más grande que la que tenemos que realizar en Facebook.

24.1. Precauciones con las redes sociales

Diferenciación de perfil profesional y personal. No será el mismo contenido el que colguemos en nuestro perfil personal que en el profesional, quizás para un público interesado en arte no le aporten nada tus vacaciones, tu fiesta de cumpleaños... mi consejo es tener dos cuentas distintas, una para temas laborales y otra personales.

No tratar temas especialmente delicados o sensibles, como la política, la religión. Es posible que el director de la institución investigue por curiosidad tus redes sociales y si ve una crítica al partido político que le ha nombrado quizás tenga reticencias a contar con vuestro proyecto, es una decisión personal, pero tenéis que saber que esta posibilidad existe.

Nunca os enzarcéis en una disputa con algún seguidor. Si ha realizado un comentario negativo sobre alguno de vuestros proyectos, al final quien saldrá perdiendo será nuestra imagen, nuestra marca, casi siempre tenéis las de perder, es mejor contestar educadamente o incluso dejarlo pasar, tampoco os recomiendo que borréis ese comentario, quizás lo ha visto ya demasiada gente y eliminarlo os puede repercutir negativamente, salvo que sea ofensivo.

Poner siempre en cuarentena las opiniones negativas, está estudiado que el *feedback* negativo quintuplica al positivo, es más habitual que a alguien al que no le ha gustado tu exposición se ponga en contacto, deje algún comentario que a otra que le ha gustado, por lo tanto no evalúes tu proyecto únicamente por esos comentarios.

CAPÍTULO 25

La evaluación del proyecto

La evaluación no es una fase más de proyecto que únicamente se realiza una vez finalizado, sino que se va desarrollando a lo largo de los diferentes apartados del proyecto: cuando fijamos los objetivos, cuando elegimos el equipo de trabajo, cuando hacemos un seguimiento del impacto mediático, cuando tenemos la entrevista con la institución... es por tanto un proceso transversal que afecta a la mayoría de los pasos que vamos dando.

Se puede definir como la valoración del desarrollo y los resultados de un proyecto cultural.

Nos debemos preguntar en qué grado se han cumplido los objetivos, si el proyecto ha estado bien definido, si hemos sabido gestionar bien las actividades que lo desarrollan, además es un instrumento fundamental para tomar decisiones en futuras ocasiones, sobre todo en proyectos que se repiten de manera periódica [festivales, ciclos, ferias...].

A pesar de que sabemos y es aceptado por todos, que cualquier proyecto [sea cultural o no] necesita de una evaluación, es uno de los capítulos que más fácilmente se olvidan en la gestión cultural. En muchas ocasiones nos quedamos en una valoración verbal con el equipo de trabajo, no se realiza por escrito lo que ocasiona que con el paso del tiempo, aquellas valoraciones 'en caliente' se olviden. Debemos ver la evaluación, no como la búsqueda de fallos, no como algo negativo, sino como una oportunidad para mejorar nuestro proyecto, para hacer crecer a nuestra empresa, para presentar propuestas de mayor calidad.

Razones fundamentales y utilidad de la evaluación:

- Mejorar nuestro proyecto de cara a futuras ediciones o para aportar lo aprendido a otros proyectos.

- Decidir si continuamos con el proyecto o lo aparcamos

- Presentarla a la institución, en muchas ocasiones nos la exigirán. También lo pueden hacer los patrocinadores. En un ámbito profesional, también la institución y el patrocinador deberían hacer su propia evaluación, no siempre es así, es más frecuente en los segundos, no estaría mal contar con esta información.

- Reorientar y reforzar en todo momento el proyecto para lograr los objetivos

- Comparar los resultados de distintos proyectos [teniendo en cuenta sus diferencias]

- Generar nuevas estrategias futuras

- Demostrar a terceros [instituciones, patrocinadores, medios...] los logros obtenidos

- Valorar el trabajo del equipo

Qué debemos evaluar:

- La finalidad y los objetivos: si se han conseguido y en qué grado

- Si las decisiones tomadas en cuanto al territorio, contenidos, estrategia, equipo... han sido las idóneas, y no ha sido así plantear alternativas.

- Si hicimos un buen diagnóstico, si supimos valorar 'las fuerzas' con las que partíamos.

Generalmente se diferencia entre dos tipos de evaluaciones:

- *Evaluación continua*: se realiza a lo largo del proceso, en su desarrollo, se obtienen los datos en el día a día del trabajo, en las reuniones del equipo y sirve básicamente para analizar el estado del proyecto y los posibles cambios a introducir.

- *Evaluación final*: se realiza cuando hemos terminado el proyecto, se han realizado las actividades. Como hemos visto, sirve para ver si se han logrado los objetivos y hemos sabido gestionar el proyecto. Debemos obtener información detallada y plasmarla por escrito a modo de memoria o balance final.

Como hemos comentado a lo largo del curso en el sector cultural no siempre es fácil la recogida de datos o conocer las motivaciones de los que 'disfrutaron' de las actividades, aún así deberíamos realizar una evaluación tanto de los aspectos cuantitativos [aquellos que son medibles: cuántas personas han acudido, beneficio económico...], como los cualitativos [por ejemplo si los temas han sido entendido por los asistentes], estos últimos tienen más que ver con las opiniones, percepciones, etc. y por tanto más complicados de interpretar.

El proceso de evaluación debe seguir un orden para realizarla de manera profesional, estas serían las fases a tener en cuenta:

- Fase de diseño: cómo vamos a organizar la evaluación, qué pasos vamos a seguir.

- Fase de recogida de datos mediante una serie de instrumentos que veremos más adelante

- Fase de valoración: comparar los datos obtenidos con los parámetros marcados, en nuestro caso la finalidad y los objetivos.

- Fase de conclusiones: si ha habido algún desajuste entre los datos obtenidos y los objetivos tratar de buscar las causas que lo han propiciado, es decir, en qué hemos podido fallar. También señalaremos los aspectos positivos.

- Fase de toma de decisiones: una vez comparados los datos, tomar las medidas adecuadas [no siempre tiene por qué ser así] para reorientar el proyecto.

Instrumentos habituales empleados en la gestión cultural para evaluar un proyecto:

- *Mediciones*: el número de venta de entradas, el número de matrículas, el conteo de personas, ingresos y gastos, etc. Ofrecen una información de tipo cuantitativo, son muy precisos, miden exactamente lo que nos interesa, se pueden comparar fácilmente con los objetivos.

- *Encuestas*: se utilizan para conocer la opinión de los asistentes/usuarios de nuestro proyecto. Se puede realizar un muestreo o aplicarse a la totalidad de los usuarios. Lo más complicado de esta técnica es saber plantear una buena encuesta, que será aquella que nos dé los datos precisos que estamos buscando, debemos tomar tiempo en planificarla. Es la mejor manera de obtener información cualitativa, los problemas es que es costosa [generalmente se necesita personal para realizarla y evaluarla], lleva bastante tiempo y sobre todo que en el ámbito cultural no hay costumbre de este tipo de técnicas.

- *Entrevista personal*: se basa en las opiniones expresadas de personas elegidas al azar, debemos tener cuidado en no condicionar las opiniones pero sabiendo que debemos obtener la información que nos será útil para la evaluación [que el entrevistado no divague demasiado], se obtienen datos cualitativos y suele ser un complemento a las encuestas.

- *Grupos de discusión/entrevista grupal*: se trata de conseguir las opiniones de un grupo reducido de personas. Debe ser un grupo que represente a los diferentes destinatarios. Se suele obtener información de gran calidad, pero no suele ser una técnica muy empleada en gestión cultural, salvo en grandes proyectos que tienen una continuidad.

- *Observación*: es uno de los métodos más simples, generalmente un agente observador o varios se introducen en las actividades programadas y testa las opiniones de los asistentes, sus comportamiento, el problema viene al analizar lo observado, ya que no se tiene en cuenta la situación personal/emocional... y las motivaciones de la persona observada.

La presentación en lo formal de la evaluación debe contener como mínimo:

- Título del proyecto

- Nombre de nuestra empresa y del equipo

- Resumen del proyecto evaluado

- Descripción de los métodos empleados para obtener los datos

- Resultados observados en forma de datos objetivos y opiniones recabadas

- Análisis de los datos

- Conclusiones y sugerencias de mejora para futuras ediciones

La evaluación puede resultar complicada, sobre todo fijar si hemos conseguido la finalidad, en principio si hemos planteado todos los apartados del proyecto de manera estricta y profesional, podemos pensar que conseguiremos alcanzar la finalidad del mismo, pero no es tarea sencilla, ya que son muchas las piezas que tienen que encajar en nuestro proyecto y en ocasiones estamos sujetos a variaciones que no dependen directamente de nosotros.

Las dificultades más habituales que nos encontramos son:

- No hay una evaluación prevista, no se valora

- Somos juez y parte en el análisis de los datos

- No hemos prefijado los indicadores

- Solamente interesa el número de personas que han acudido

- Objetivos demasiado ambiciosos

- No sabemos valorar los resultados objetivos

- No se pone en común con el resto del equipo que en muchas ocasiones están ya trabajando en otros proyectos

- No se revisa con el tiempo

Aunque no es muy recomendable, por lo simple de la técnica y por la escasa aportación de datos, algunos gestores realizan la evaluación únicamente teniendo en cuenta los aspectos positivos y negativos, presentando los datos en forma de tablas.

CAPÍTULO 26

El gestor cultural

El gestor cultural es el encargado de llevar a cabo la gestión cultural, debe conocer y obtener los recursos necesarios, distribuirlos convenientemente dependiendo de los tiempos pactados y de las necesidades del proyecto, teniendo siempre como referente los objetivos marcados.

Las competencias básicas del gestor cultural, que le hacen diferente a otros profesionales son:

- *La capacidad de análisis de su entorno.* En una sociedad en constante cambio, debe estar alerta de cuales son las necesidades culturales de la colectividad donde desarrollará sus proyectos, conocer a la perfección su ámbito de actuación y adaptarse en cada nuevo proyecto a la realidad del momento.

- *El gestor cultural es un mediador* entre los artistas [músicos, actores, escritores, plásticos…] y el público al que van dirigidos sus bienes y servicios, por tanto debe dominar el contacto con diferentes agentes, la negociación… en definitiva ser un muy buen relaciones públicas. Tendrá contacto con: proveedores, artistas, prensa, instituciones, patrocinadores, otros gestores, etc.

Si pensamos que nosotros no tenemos esta característica, únicamente tenemos que trabajarla. ¿Cómo? Acudiendo a eventos de nuestro sector cultural y hablando con todas las personas que creamos interesantes para nuestro trabajo, poniéndonos en contacto con asociaciones de gestores y participando en sus reuniones, empezad poco a poco, cuando vayáis a la primera inauguración poneros como objetivo hablar con dos personas que no conozcáis de nada y a partir de ahí ir añadiendo alguna persona más hasta que veáis que habéis perdido ese miedo. No es nada complicado.

• *La generación de ideas* y su puesta en marcha de manera creativa es una de las competencias básicas del oficio, unidas a la innovación constante en las propuestas presentadas.

• *La habilidad de saber adaptar la información que se quiere transmitir a diferentes tipos de públicos* y hacerla comprensible para dichos destinatarios. Es un profesional que trabaja con personas de diversas edades, niveles de estudios, ámbito geográfico...

• *Debemos tener conocimiento de nuestro sector.* Si nos gusta el arte contemporáneo y es a lo que nos dedicamos no nos supondrá ningún esfuerzo estar al tanto de las exposiciones que se han inaugurado en nuestra ciudad, ver qué artista ha fichado por una galería... básicamente nos será útil en inauguraciones, estrenos, etc. ya que en estas reuniones se hablará mucho de la actualidad de nuestro sector o cuando un colega te llama por teléfono se utiliza para crear un ambiente más distendido. Para ello son muy útiles las publicaciones del sector.

- *Poseer un buen dominio de la comunicación.* Un gran número de horas de nuestro trabajo es difundir, hacer llegar nuestras propuestas. Primero a la institución, después a los medios y por supuesto a los destinatarios finales de las actividades.

- *Humildad en nuestros proyectos.* En cultura como sabéis la lucha de egos es constante, debemos mantenernos al margen y actuar con humildad, somos unos intermediarios entre la sociedad y nuestras actividades, dependemos de los ciudadanos para nuestro trabajo, de nuestros colaboradores, de la institución...

- *Gran capacidad de trabajo.* Como en cualquier pequeña empresa, no existen los horarios y mucho menos los fines de semana. Tendremos que estar pendientes constantemente del correo electrónico y del teléfono casi a cualquier hora. Para no acabar saturados os aconsejo que unas determinadas horas al día, quizás a la hora de comer y a partir de las 21 horas no contestéis a llamadas de trabajo y cogeos ciertos días de vacaciones cada tres o cuatro meses, una mente creativa necesita descansar.

- *Resistencia a la frustración.* Trabajaremos en algunos proyectos que quizás nunca verán la luz o las motivaciones del rechazo por parte de la institución no nos parecerán justas, pero no podemos tirar la toalla. Si hemos decidido dedicarnos a esto debemos anticiparnos a las circunstancias adversas y seguir mirando al futuro.

- *El gestor cultural tiene que ser muy visible*, dar publicidad a todo lo que haga, elaborar una página web, tener perfiles en redes sociales. Respecto a este último tema os aconsejo que en vuestro perfil profesional nunca opinéis de temas tan delicados como la religión o la política, los directores de las instituciones también utilizan este tipo de redes sociales y es muy fácil que nos localicen y decidan rechazar uno de nuestros proyectos únicamente por nuestras opiniones personales.

26.1. Otros conocimientos útiles para el gestor

Son muchas las habilidades prácticas que debería reunir un gestor cultural, casi como un hombre/mujer orquesta, estas tres me parecen importantes por el ahorro económico que nos pueden suponer:

Curso de diseño gráfico: no para realizar la imagen final de nuestros proyectos, de eso debe encargarse un profesional, pero sí sería útil saber maquetar los proyectos que enviaremos a las instituciones. Imaginaos que de cada proyecto debemos hacer siete versiones que será el número de instituciones contactadas [cambiar el logotipo, los datos de la institución por cada proyecto enviado] y que estamos moviendo cinco proyectos a la vez, tendríamos que encargar a un diseñador profesional 35 documentos sin saber si esos proyectos saldrán o no, con lo cual estamos empleando en esto muchos recursos económicos. Si tenemos que cambiar únicamente el logotipo, el color y datos de contacto, si nosotros sabemos cómo hacerlo tardaremos quince o veinte minutos, si se lo encargamos a un diseñador nos dirá que nos lo envía dentro de un par de días porque tiene que terminar otros trabajos, además de dinero estaremos perdiendo tiempo y las instituciones, en algunos casos, no esperan.

Evidentemente si la institución nos aprueba el proyecto debemos encargar a un profesional que realice la cartelería, página web, folletos… ahí si debemos invertir, dependemos de la imagen que proyectamos.

Curso de protocolo para conocer las normas de las instituciones culturales, cuáles son esas normas de comportamiento y los tiempos. Tampoco tengamos miedo a preguntar. Si hemos organizado una serie de mesas redondas con una institución, directamente preguntad cómo creen ellos que deberían sentarse los ponentes y en qué orden se les debe presentar, ellos tendrán más experiencia que nosotros en cómo se hacen las cosas en esa entidad.

Curso de fotografía para llevar un registro de todas nuestras actividades. Las fotografías nos serán muy útiles para prensa pero también para la institución. Casi todas las instituciones realizan a final de año una memoria de todas sus actividades, nos pedirán fotografías de las actividades que realizamos en sus centros.

CAPÍTULO 27

Consejos finales para introducirse en la gestión cultural

Acudir a los eventos que organiza vuestro sector cultural. Creo que tenemos la enorme fortuna de coincidir periódicamente con mucha de la gente que trabaja en nuestro ámbito cultural en inauguraciones, estrenos, encuentros... es el mejor momento para conocer a gente con la que seguro más tarde colaborarás. Hay que quitarse el miedo a estas citas sociales y no olvides tu tarjeta de visita, son lugares para intercambiarlas.

Trabajar con una asociación. Si estás comenzando y todavía no te quieres lanzar a montar tu propia empresa, participa en una asociación cultural, y aunque el trabajo es diferente al de un gestor cultural independiente te servirá para poner en tu currículum que has colaborado en tales o cuales proyectos culturales desarrollados por esa asociación.

Contacta con empresas de gestión que realicen actividades en las que sepas que necesitan mucho personal [grandes festivales de cine, música..., ferias de arte, etc.]. Seguramente no cobrarás por ese trabajo, pero adquirirás una experiencia práctica que no obtendrás con ningún curso, ni máster y además tendrás algo que poner en tu currículum de gestor cultural.

Comenzar con instituciones pequeñas. Presentar proyectos a ayuntamientos de pueblos pequeños, centros culturales de barrio, bibliotecas... será mucho más fácil venderles nuestro proyecto, aunque sus recursos serán más limitados pero su trato mucho más cercano.

Pertenecer a alguna asociación de gestores culturales. En principio para ser socio te pedirán alguna experiencia previa en el sector, pero estas asociaciones realizan reuniones periódicas para charlar sobre la profesión y será muy fácil que podáis acudir a estas citas, no os pondrán ningún problema, y vais a conocer a profesionales en activo con los cuales seguro podéis colaborar.

¡Muchísimas gracias por la lectura de este libro. Espero que te resulte útil!

Agradecería enormemente tu calificación y comentarios sobre el libro en *Amazon.*

Si deseas recibir información sobre nuestros
CURSOS ONLINE de GESTIÓN CULTURAL

Envíanos un correo electrónico a:
info@espacioplanob.com
con tu *nombre, apellidos y ciudad* y te avisaremos de próximas convocatorias.

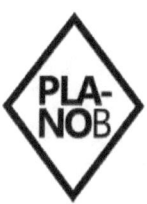

Información de CURSOS ONLINE y PRESENCIALES en:
www.espacioplanob.com